LA BIBLIA PARA LOS VEGANOS

2 EN 1

GW00499939

100 RECETAS SALUDABLES

SALVADOR MONES, MORENA DENIZ

Sommario

TEMPEH
&
SEITÁN RECETAS
PARA VEGANOS

50 RECETAS SALUDABLES

SALVADOR MONES

Reservados todos los derechos.

Descargo de responsabilidad

INTRODUCCIÓN

El tempeh y el seitán se utilizan ampliamente en círculos vegetarianos, veganos, de alimentos integrales y macrobióticos.

El tempeh es un producto de soja tradicional de Java que se elabora a partir de semillas de soja fermentadas. Se elabora mediante un proceso de cultivo natural y fermentación controlada que une la soja en forma de torta. Un hongo se utiliza en el proceso de fermentación y también se conoce como iniciador de tempeh.

El tempeh tiene una textura carnosa, firme y absorbe muy bien los sabores, por lo que realmente puedes experimentar con diferentes adobos, salsas y mezclas de especias. ... No es solo su sabor, versatilidad y perfil nutricional lo que hace que el tempeh sea una gran fuente de proteínas. También es una opción mucho más sostenible en comparación con la carne.

Por otro lado, el seitán es un alimento elaborado a base de gluten, la principal proteína del trigo. Se elabora lavando la masa de harina de trigo con agua hasta eliminar todos los gránulos de almidón, dejando el gluten insoluble pegajoso como una masa elástica, que luego se cuece antes de ser consumido. El seitán contiene 72 gramos de proteína de origen vegetal por taza, por lo que muchas personas que siguen una dieta vegana optan por consumir el alimento por su alto contenido de proteínas, accesibilidad y versatilidad. Es también por eso que muchos productos cárnicos vegetarianos y veganos se basan en Seitán.

TEMPEH

1. Espaguetis a la carbonara

Rinde 4 porciones

- 2 cucharadas de aceite de oliva
- 3 chalotas medianas, picadas
- 4 onzas de tocino tempeh, casero (ver Tocino tempeh) o comprado en la tienda, picado
- 1 taza de leche de soja natural sin azúcar
- $\frac{1}{2}$ taza de tofu suave o sedoso, escurrido
- $\frac{1}{4}$ taza de levadura nutricional

- Sal y pimienta negra recién molida
- 1 libra de espaguetis
- 3 cucharadas de perejil fresco picado

En una sartén grande, calienta el aceite a fuego medio. Agregue las chalotas y cocine hasta que estén tiernas, aproximadamente 5 minutos. Agregue el tocino tempeh y cocine, revolviendo con frecuencia, hasta que esté ligeramente dorado, aproximadamente 5 minutos. Dejar de lado.

En una licuadora, combine la leche de soja, el tofu, la levadura nutricional y la sal y pimienta al gusto. Mezclar hasta que esté suave. Dejar de lado.

En una olla grande con agua hirviendo con sal, cocine los espaguetis a fuego medio-alto, revolviendo ocasionalmente, hasta que estén al dente, aproximadamente 10 minutos. Escurrir bien y transferir a un tazón grande para servir. Agregue la mezcla de tofu, 1/4 de taza de parmesano y todo menos 2 cucharadas de la mezcla de tocino tempeh.

Mezcle suavemente para combinar y saborear, ajustando los condimentos si es necesario, agregando un poco más de leche de soya si está demasiado seca. Cubra con varios molidos de pimienta, el tocino tempeh restante, el parmesano restante y el perejil. Servir inmediatamente.

2. Salteado de verduras y tempeh

Rinde 4 porciones

- 10 onzas de tempeh
- Sal y pimienta negra recién molida
- 2 cucharaditas de maicena
- 4 tazas de floretes de brócoli pequeños
- 2 cucharadas de aceite de canola o de semilla de uva
- 2 cucharadas de salsa de soja
- 2 cucharadas de agua
- 1 cucharada de mirin
- ½ cucharadita de pimiento rojo triturado
- 2 cucharaditas de aceite de sésamo tostado
- 1 pimiento rojo mediano, cortado en rodajas de ½ pulgada
- 6 onzas de champiñones blancos, ligeramente enjuagados, secados con palmaditas y cortados en rodajas de ½ pulgada

- 2 dientes de ajo picados
- 3 cucharadas de cebollas verdes picadas
- 1 cucharadita de jengibre fresco rallado

En una cacerola mediana con agua hirviendo, cocine el tempeh durante 30 minutos. Escurrir, secar y dejar enfriar. Corta el tempeh en cubos de 1/2 pulgada y colócalos en un tazón poco profundo. Sazone con sal y pimienta negra al gusto, espolvoree con la maicena y revuelva para cubrir. Dejar de lado.

Cocine al vapor ligeramente el brócoli hasta que esté casi tierno, unos 5 minutos. Deje correr bajo agua fría para detener el proceso de cocción y retener el color verde brillante. Dejar de lado.

En una sartén grande o wok, caliente 1 cucharada de aceite de canola a fuego medio-alto. Agregue el tempeh y saltee hasta que se doren, aproximadamente 5 minutos. Retirar de la sartén y reservar.

En un tazón pequeño, combine la salsa de soja, el agua, el mirin, el pimiento rojo triturado y el aceite de sésamo. Dejar de lado.

Vuelva a calentar la misma sartén a fuego medio-alto. Agrega la cucharada restante de aceite de canola. Agregue el pimiento morrón y los champiñones y saltee hasta que se ablanden, aproximadamente 3 minutos. Agrega el ajo, las cebolletas y el jengibre y sofríe 1 minuto. Agrega el brócoli al vapor y el tempeh frito y sofríe durante 1 minuto. Agrega la mezcla de salsa de soja y sofríe hasta que el tempeh y las verduras estén calientes y bien cubiertos con la salsa. Servir inmediatamente.

3. Teriyaki Tempeh

Rinde 4 porciones

- 1 libra de tempeh, cortado en rodajas de 1/4 de pulgada
- ¹1/4 taza de jugo de limón fresco
- 1 cucharadita de ajo picado
- 2 cucharadas de cebollas verdes picadas
- 2 cucharaditas de jengibre fresco rallado
- 1 cucharada de azucar
- 2 cucharadas de aceite de sésamo tostado
- 1 cucharada de maicena
- 2 cucharadas de agua
- 2 cucharadas de aceite de canola o de semilla de uva

En una cacerola mediana con agua hirviendo, cocine el tempeh durante 30 minutos. Escurrir y colocar en un plato grande y poco profundo. En un tazón pequeño, combine la salsa de soja, el jugo de limón, el ajo, las cebolletas, el jengibre, el azúcar, el aceite de sésamo, la maicena y el agua. Licue bien y luego vierta la marinada sobre el tempeh cocido, volteándolo para cubrirlo. Marine el tempeh durante 1 hora.

En una sartén grande, caliente el aceite de canola a fuego medio. Retire el tempeh de la marinada, reservando la marinada. Agregue el tempeh a la sartén caliente y cocine hasta que estén dorados por ambos lados, aproximadamente 4 minutos por cada lado. Agregue la marinada reservada y cocine a fuego lento hasta que el líquido espese, aproximadamente 8 minutos. Servir inmediatamente.

4. Tempeh a la parrilla

Rinde 4 porciones

- 1 libra de tempeh, cortado en barras de 2 pulgadas
- 2 cucharadas de aceite de oliva
- 1 cebolla mediana, picada
- 1 pimiento rojo mediano, picado
- 2 dientes de ajo picados
- (14.5 onzas) de tomates triturados
- 2 cucharadas de melaza oscura
- 2 cucharadas de vinagre de sidra de manzana
- cucharada de salsa de soja
- 2 cucharaditas de mostaza marrón picante
- 1 cucharada de azucar
- 1/2 cucharadita de sal
- 1/4 de cucharadita de pimienta gorda molida
- 1/4 de cucharadita de cayena molida

En una cacerola mediana con agua hirviendo, cocine el tempeh durante 30 minutos. Escurrir y reservar.

En una cacerola grande, caliente 1 cucharada de aceite a fuego medio. Agrega la cebolla, el pimiento morrón y el ajo. Tape y cocine hasta que se ablanden, aproximadamente 5 minutos. Agregue los tomates, la melaza, el vinagre, la salsa de soja, la mostaza, el azúcar, la sal, la pimienta de Jamaica y la pimienta de cayena y deje hervir. Reduzca el fuego a bajo y cocine a fuego lento, sin tapar, durante 20 minutos.

En una sartén grande, caliente la 1 cucharada de aceite restante a fuego medio. Agregue el tempeh y cocine hasta que esté dorado, volteándolo una vez, aproximadamente 10 minutos. Agregue suficiente salsa para cubrir generosamente el tempeh. Tape y cocine a fuego lento para mezclar los sabores, aproximadamente 15 minutos. Servir inmediatamente.

5. Tempeh de naranja y borbón

Rinde de 4 a 6 porciones

- 2 tazas de agua
- $1/2$ taza de salsa de soja
- rodajas finas de jengibre fresco
- 2 dientes de ajo, en rodajas
- 1 libra de tempeh, cortado en rodajas finas
- Sal y pimienta negra recién molida
- $1/4$ taza de aceite de canola o de semilla de uva
- 1 cucharada de azúcar morena clara
- $1/8$ de cucharadita de pimienta gorda molida
- $1/3$ taza de jugo de naranja fresco
- $1/4$ de taza de bourbon o 5 rodajas de naranja, cortadas a la mitad
- 1 cucharada de maicena mezclada con 2 cucharadas de agua

En una cacerola grande, combine el agua, la salsa de soja, el jengibre, el ajo y la ralladura de naranja. Coloque el tempeh en la marinada y deje hervir. Reduzca el fuego a bajo y cocine a fuego lento durante 30 minutos. Retire el tempeh de la marinada, reservando la marinada. Espolvorea el tempeh con sal y pimienta al gusto. Coloque la harina en un tazón poco profundo. Dragar el tempeh cocido en la harina y reservar.

En una sartén grande, calienta el aceite a fuego medio. Agregue el tempeh, en tandas si es necesario, y cocine hasta que se dore por ambos lados, aproximadamente 4 minutos por lado. Agregue gradualmente la marinada reservada. Agregue el azúcar, la pimienta de Jamaica, el jugo de naranja y el bourbon. Cubra el tempeh con las rodajas de naranja. Tape y cocine a fuego lento hasta que la salsa esté almibarada y los sabores se mezclen, aproximadamente 20 minutos.

Use una espumadera o una espátula para quitar el tempeh de la sartén y transferirlo a una fuente para servir. Manténgase caliente. Agregue la mezcla de maicena a la salsa y cocine, revolviendo, para espesar. Reduzca el fuego a bajo y cocine a fuego lento, sin tapar, revolviendo constantemente, hasta que la salsa espese. Vierta la salsa sobre el tempeh y sirva inmediatamente.

6. Tempeh y batatas

Rinde 4 porciones

- 1 libra de tempeh
- 2 cucharadas de salsa de soja
- 1 cucharadita de cilantro molido
- ^{1}1/2 cucharadita de cúrcuma
- 2 cucharadas de aceite de oliva
- 3 chalotes grandes, picados
- 1 o 2 camotes medianos, pelados y cortados en dados de 1/2 pulgada
- 2 cucharaditas de jengibre fresco rallado
- 1 taza de jugo de piña
- 2 cucharaditas de azúcar morena clara
- Zumo de 1 lima

En una cacerola mediana con agua hirviendo, cocine el tempeh durante 30 minutos. Transfiérelo a un tazón poco profundo. Agregue 2 cucharadas de salsa de soja, cilantro y cúrcuma, revolviendo para cubrir. Dejar de lado.

En una sartén grande, caliente 1 cucharada de aceite a fuego medio. Agregue el tempeh y cocine hasta que se dore por ambos lados, aproximadamente 4 minutos por lado. Retirar de la sartén y reservar.

En la misma sartén, caliente las 2 cucharadas de aceite restantes a fuego medio. Agrega las chalotas y las batatas. Tape y cocine hasta que se ablanden un poco y se doren ligeramente, aproximadamente 10 minutos. Agregue el jengibre, el jugo de piña, la cucharada restante de salsa de soja y el azúcar, revolviendo para combinar. Reduzca el fuego a bajo, agregue el tempeh cocido, cubra y cocine hasta que las papas estén suaves, aproximadamente 10 minutos. Transfiera el tempeh y las batatas a un plato para servir y manténgalas calientes. Agregue el jugo de limón a la salsa y cocine a fuego lento durante 1 minuto para mezclar los sabores. Rocíe la salsa sobre el tempeh y sirva inmediatamente.

7. Tempeh criollo

Rinde de 4 a 6 porciones

- 1 libra de tempeh, cortado en rodajas de 1/4 de pulgada
- 1/4 taza de salsa de soja
- 2 cucharadas de condimento criollo
- 1/2 taza de harina para todo uso
- 2 cucharadas de aceite de oliva
- 1 cebolla amarilla mediana, picada
- 2 costillas de apio picadas
- 1 pimiento verde mediano, picado
- 3 dientes de ajo picados
- 1 lata (14.5 onzas) de tomates cortados en cubitos, escurridos
- 1 cucharadita de tomillo seco
- 1/2 taza de vino blanco seco
- Sal y pimienta negra recién molida

Coloque el tempeh en una cacerola grande con suficiente agua para cubrir. Agrega la salsa de soja y 1 cucharada del condimento criollo. Tape y cocine a fuego lento durante 30 minutos. Retire el tempeh del líquido y déjelo a un lado, reservando el líquido.

En un tazón poco profundo, combine la harina con las 2 cucharadas restantes de condimento criollo y mezcle bien. Drague el tempeh en la mezcla de harina, cubriendo bien. En una sartén grande, caliente 1 cucharada de aceite a fuego medio. Agregue el tempeh dragado y cocine hasta que se dore por ambos lados, aproximadamente 4 minutos por lado. Retire el tempeh de la sartén y reserve.

En la misma sartén, caliente la 1 cucharada de aceite restante a fuego medio. Agrega la cebolla, el apio, el pimiento morrón y el ajo. Tape y cocine hasta que las verduras se ablanden, unos 10 minutos. Agregue los tomates, luego agregue el tempeh nuevamente a la sartén junto con el tomillo, el vino y 1 taza del líquido a fuego lento reservado. Sazone con sal y pimienta al gusto. Deje hervir a fuego lento y cocine, sin tapar, durante unos 30 minutos para reducir el líquido y mezclar los sabores. Servir inmediatamente.

8. Tempeh con Limón y Alcaparras

Rinde de 4 a 6 porciones

- 1 libra de tempeh, cortado horizontalmente en rodajas de 1/4 de pulgada
- ^{1}1/2 taza de salsa de soja
- ^{1}1/2 taza de harina para todo uso
- Sal y pimienta negra recién molida
- 2 cucharadas de aceite de oliva
- 2 chalotas medianas, picadas
- 2 dientes de ajo picados
- 2 cucharadas de alcaparras
- ^{1}1/2 taza de vino blanco seco
- ^{1}/2 taza de caldo de verduras, hecho en casa (verCaldo de verduras ligero) o comprado en la tienda
- 2 cucharadas de margarina vegana
- Jugo de 1 limón
- 2 cucharadas de perejil fresco picado

Coloque el tempeh en una cacerola grande con suficiente agua para cubrir. Agregue la salsa de soja y cocine a fuego lento durante 30 minutos. Retire el tempeh de la olla y déjelo enfriar a un lado. En un tazón poco profundo, combine la harina, la sal y la pimienta al gusto. Drague el tempeh en la mezcla de harina, cubriendo ambos lados. Dejar de lado.

En una sartén grande, caliente 2 cucharadas de aceite a fuego medio. Agregue el tempeh, en tandas si es necesario, y cocine hasta que se dore por ambos lados, aproximadamente 8 minutos en total. Retire el tempeh de la sartén y reserve.

En la misma sartén, caliente la 1 cucharada de aceite restante a fuego medio. Agrega las chalotas y cocina unos 2 minutos. Agregue el ajo, luego agregue las alcaparras, el vino y el caldo. Regrese el tempeh a la sartén y cocine a fuego lento durante 6 a 8 minutos. Agregue la margarina, el jugo de limón y el perejil, revolviendo para derretir la margarina. Servir inmediatamente.

9. Tempeh con esmalte de arce y balsámico

Rinde 4 porciones

- 1 libra de tempeh, cortado en barras de 2 pulgadas
- 2 cucharadas de vinagre balsámico
- 2 cucharadas de sirope de arce puro
- 1½ cucharadas de mostaza marrón picante
- 1 cucharadita de salsa tabasco
- 1 cucharada de aceite de oliva
- 2 dientes de ajo picados
- ½ taza de caldo de verduras, hecho en casa (verCaldo de verduras ligero) o sal comprada en la tienda y pimienta negra recién molida

En una cacerola mediana con agua hirviendo, cocine el tempeh durante 30 minutos. Escurrir y secar.

En un tazón pequeño, combine el vinagre, el jarabe de arce, la mostaza y el tabasco. Dejar de lado.

En una sartén grande, calienta el aceite a fuego medio. Agregue el tempeh y cocine hasta que se dore por ambos lados, volteando una vez, aproximadamente 4 minutos por lado. Agrega el ajo y cocina 30 segundos más.

Agregue el caldo, sal y pimienta al gusto. Aumente el fuego a medio-alto y cocine, sin tapar, durante unos 3 minutos, o hasta que el líquido esté casi evaporado.

Agregue la mezcla de mostaza reservada y cocine por 1 a 2 minutos, volteando el tempeh para cubrir con la salsa y glasear bien. Tenga cuidado de no quemarse. Servir inmediatamente.

10. Tempeh Chili tentador

Rinde de 4 a 6 porciones

- 1 libra de tempeh
- 1 cucharada de aceite de oliva
- 1 cebolla amarilla mediana, picada
- 1 pimiento verde mediano, picado
- 2 dientes de ajo picados
- cucharadas de chile en polvo
- 1 cucharadita de orégano seco
- 1 cucharadita de comino molido

- (28 onzas) de tomates triturados
- ^{1}1/2 taza de agua, y más si es necesario
- 1 1/2 tazas cocidas o 1 lata (15.5 onzas) de frijoles pintos, escurridos y enjuagados
- 1 lata (4 onzas) de chiles verdes suaves picados, escurridos
- Sal y pimienta negra recién molida
- 2 cucharadas de cilantro fresco picado

En una cacerola mediana con agua hirviendo, cocine el tempeh durante 30 minutos. Escurrir y dejar enfriar, luego picar finamente y reservar.

En una cacerola grande, caliente el aceite. Agregue la cebolla, el pimiento y el ajo, cubra y cocine hasta que se ablanden, aproximadamente 5 minutos. Agregue el tempeh y cocine, sin tapar, hasta que esté dorado, aproximadamente 5 minutos. Agrega el chile en polvo, el orégano y el comino. Agregue los tomates, el agua, los frijoles y los chiles. Se sazona con sal y pimienta negro al gusto. Mezclar bien para combinar.

Lleve a ebullición, luego reduzca el fuego a bajo, cubra y cocine a fuego lento durante 45 minutos, revolviendo ocasionalmente, agregando un poco más de agua si es necesario.

Espolvorea con cilantro y sirve inmediatamente.

11. Tempeh Cacciatore

Rinde de 4 a 6 porciones

- 1 libra de tempeh, cortado en rodajas finas
- 2 cucharadas de aceite de canola o de semilla de uva
- 1 cebolla morada mediana, cortada en dados de 1/2 pulgada
- pimiento rojo mediano, cortado en cubos de 1/2 pulgada
- zanahoria mediana, cortada en rodajas de 1/4 de pulgada
- 2 dientes de ajo picados
- 1 lata (28 onzas) de tomates cortados en cubitos, escurridos
- ^{1}1/4 taza de vino blanco seco
- 1 cucharadita de orégano seco
- 1 cucharadita de albahaca seca
- Sal y pimienta negra recién molida

En una cacerola mediana con agua hirviendo, cocine el tempeh durante 30 minutos. Escurrir y secar.

En una sartén grande, caliente 1 cucharada de aceite a fuego medio. Agregue el tempeh y cocine hasta que se dore por ambos lados, de 8 a 10 minutos en total. Retirar de la sartén y reservar.

En la misma sartén, caliente la 1 cucharada de aceite restante a fuego medio. Agrega la cebolla, el pimiento morrón, la zanahoria y el ajo. Cubra y cocine hasta que se ablanden, aproximadamente 5 minutos. Agrega los tomates, el vino, el orégano, la albahaca, la sal y la pimienta negra al gusto y deja que hierva. Reduzca el fuego a bajo, agregue el tempeh reservado y cocine a fuego lento, sin tapar, hasta que las verduras estén suaves y los sabores estén bien combinados, aproximadamente 30 minutos. Servir inmediatamente.

12. Tempeh indonesio en salsa de coco

Rinde de 4 a 6 porciones

- 1 libra de tempeh, cortado en rodajas de 1/4 de pulgada
- 2 cucharadas de aceite de canola o de semilla de uva
- 1 cebolla amarilla mediana, picada
- 3 dientes de ajo picados
- 1 pimiento rojo mediano, picado
- 1 pimiento verde mediano, picado
- 1 o 2 chiles serranos u otros chiles picantes frescos, sin semillas y picados
- 1 lata (14.5 onzas) de tomates cortados en cubitos, escurridos
- 1 lata (13.5 onzas) de leche de coco sin azúcar
- Sal y pimienta negra recién molida
- 1/2 taza de maní tostado sin sal, molido o triturado, para decorar
- 2 cucharadas de cilantro fresco picado, para decorar

En una cacerola mediana con agua hirviendo, cocine el tempeh durante 30 minutos. Escurrir y secar.

En una sartén grande, caliente 1 cucharada de aceite a fuego medio. Agregue el tempeh y cocine hasta que se doren por ambos lados, aproximadamente 10 minutos. Retirar de la sartén y reservar.

En la misma sartén, caliente la 1 cucharada de aceite restante a fuego medio. Agregue la cebolla, el ajo, los pimientos morrones rojos y verdes y los chiles. Tape y cocine hasta que se ablanden, aproximadamente 5 minutos. Agrega los tomates y la leche de coco. Reduzca el fuego a bajo, agregue el tempeh reservado, sazone con sal y pimienta al gusto y cocine a fuego lento, sin tapar, hasta que la salsa se reduzca ligeramente, aproximadamente 30 minutos. Espolvoree con maní y cilantro y sirva inmediatamente.

13. Tempeh de jengibre y maní

Rinde 4 porciones

- 1 libra de tempeh, cortado en dados de 1/2 pulgada
- 2 cucharadas de aceite de canola o de semilla de uva
- pimiento rojo mediano, cortado en cubos de 1/2 pulgada
- 3 dientes de ajo picados
- manojo pequeño de cebollas verdes, picadas
- 2 cucharadas de jengibre fresco rallado
- 2 cucharadas de salsa de soja
- 1 cucharada de azucar
- $^1/4$ de cucharadita de pimiento rojo triturado
- 1 cucharada de maicena
- 1 taza de agua
- 1 taza de maní tostado sin sal triturado
- 2 cucharadas de cilantro fresco picado

En una cacerola mediana con agua hirviendo, cocine el tempeh durante 30 minutos. Escurrir y secar. En una sartén grande o wok, calienta el aceite a fuego medio. Agregue el tempeh y cocine hasta que esté ligeramente dorado, aproximadamente 8 minutos. Agregue el pimiento y saltee hasta que se ablanden, aproximadamente 5 minutos. Agregue el ajo, las cebollas verdes y el jengibre y saltee hasta que estén fragantes, 1 minuto.

En un tazón pequeño, combine la salsa de soja, el azúcar, el pimiento rojo triturado, la maicena y el agua. Mezcle bien, luego vierta en la sartén. Cocine, revolviendo, durante 5 minutos, hasta que espese un poco. Agrega los cacahuetes y el cilantro. Servir inmediatamente.

14. Tempeh con patatas y repollo

Rinde 4 porciones

- 1 libra de tempeh, cortado en dados de 1⁄2 pulgada
- 2 cucharadas de aceite de canola o de semilla de uva
- 1 cebolla amarilla mediana, picada
- 1 zanahoria mediana, picada
- 11⁄2 cucharadas de pimentón dulce húngaro
- 2 papas rojas medianas, peladas y cortadas en dados de 1⁄2 pulgada
- 3 tazas de repollo rallado
- 1 lata (14.5 onzas) de tomates cortados en cubitos, escurridos
- ^{1}1/4 taza de vino blanco seco
- 1 taza de caldo de verduras, hecho en casa (ver Caldo de verduras ligero) o sal comprada en la tienda y pimienta negra recién molida
- ^{1}⁄2 taza de crema agria vegana, casera (verCrema agria de tofu) o comprado en la tienda (opcional)

En una cacerola mediana con agua hirviendo, cocine el tempeh durante 30 minutos. Escurrir y secar.

En una sartén grande, caliente 1 cucharada de aceite a fuego medio. Agregue el tempeh y cocine hasta que se doren por ambos lados, aproximadamente 10 minutos. Retire el tempeh y reserve.

En la misma sartén, caliente la 1 cucharada de aceite restante a fuego medio. Agregue la cebolla y la zanahoria, cubra y cocine hasta que se ablanden, aproximadamente 10 minutos. Agregue el pimentón, las papas, el repollo, los tomates, el vino y el caldo y deje hervir. Sazone con sal y pimienta al gusto.

Reduzca el fuego a medio, agregue el tempeh y cocine a fuego lento, sin tapar, durante 30 minutos o hasta que las verduras estén tiernas y los sabores se mezclen. Agregue la crema agria, si la usa, y sirva inmediatamente.

15. Estofado de succotash del sur

Rinde 4 porciones

- 10 onzas de tempeh
- 2 cucharadas de aceite de oliva
- 1 cebolla amarilla dulce grande, finamente picada
- 2 papas rojas medianas, peladas y cortadas en dados de 1/2 pulgada
- 1 lata (14.5 onzas) de tomates cortados en cubitos, escurridos
- 1 paquete (16 onzas) de succotash congelado
- 2 tazas de caldo de verduras, casero (ver Caldo de verduras ligero) o comprado en la tienda, o agua
- 2 cucharadas de salsa de soja
- 1 cucharadita de mostaza seca
- 1 cucharadita de azucar
- $1 1/2$ cucharadita de tomillo seco
- $1/2$ cucharadita de pimienta gorda molida
- $1/4$ de cucharadita de cayena molida
- Sal y pimienta negra recién molida

En una cacerola mediana con agua hirviendo, cocine el tempeh durante 30 minutos. Escurrir, secar y cortar en dados de 1 pulgada.

En una sartén grande, caliente 1 cucharada de aceite a fuego medio. Agregue el tempeh y cocine hasta que se dore por ambos lados, aproximadamente 10 minutos. Dejar de lado.

En una cacerola grande, caliente la cucharada de aceite restante a fuego medio. Agregue la cebolla y cocine hasta que se ablande, 5 minutos. Agregue las papas, zanahorias, tomates, succotash, caldo, salsa de soja, mostaza, azúcar, tomillo, pimienta de Jamaica y cayena. Sazone con sal y pimienta al gusto. Lleve a ebullición, luego reduzca el fuego a bajo y agregue el tempeh. Cocine a fuego lento, tapado, hasta que las verduras estén tiernas, revolviendo ocasionalmente, unos 45 minutos.

Aproximadamente 10 minutos antes de que el estofado termine de cocinarse, agregue el humo líquido. Pruebe, ajustando los condimentos si es necesario.

Servir inmediatamente.

16. Cazuela de jambalaya al horno

Rinde 4 porciones

- 10 onzas de tempeh
- 2 cucharadas de aceite de oliva
- 1 cebolla amarilla mediana, picada
- 1 pimiento verde mediano, picado
- 2 dientes de ajo picados
- 1 lata (28 onzas) de tomates cortados en cubitos, sin escurrir

- $1/2$ taza de arroz blanco
- 1 1/2 tazas de caldo de verduras, casero (verCaldo de verduras ligero) o comprado en la tienda, o agua
- 1 1/2 tazas cocidas o 1 lata (15.5 onzas) de frijoles rojos oscuros, escurridos y enjuagados
- 1 cucharada de perejil fresco picado
- 1 1/2 cucharaditas de condimento cajún
- 1 cucharadita de tomillo seco
- $1/2$ cucharadita de sal
- 1/4 de cucharadita de pimienta negra recién molida

En una cacerola mediana con agua hirviendo, cocine el tempeh durante 30 minutos. Escurrir y secar. Cortar en dados de 1/2 pulgada. Precalienta el horno a 350 ° F.

En una sartén grande, caliente 1 cucharada de aceite a fuego medio. Agregue el tempeh y cocine hasta que se dore por ambos lados, aproximadamente 8 minutos. Transfiera el tempeh a una fuente para hornear de 9 x 13 pulgadas y reserve.

En la misma sartén, caliente la 1 cucharada de aceite restante a fuego medio. Agrega la cebolla, el pimiento morrón y el ajo. Tape y cocine hasta que las verduras se ablanden, aproximadamente 7 minutos.

Agregue la mezcla de verduras a la fuente para hornear con el tempeh. Agregue los tomates con su líquido, el arroz, el caldo, los frijoles, el perejil, el condimento cajún, el tomillo, la sal y la pimienta negra. Mezcle bien, luego cubra bien y hornee hasta que el arroz esté tierno, aproximadamente 1 hora. Servir inmediatamente.

17. Pastel de patata dulce y tempeh

Rinde 4 porciones

- 8 onzas de tempeh
- 3 batatas medianas, peladas y cortadas en dados de 1/2 pulgada
- 2 cucharadas de margarina vegana
- $1/4$ taza de leche de soja sin azúcar
- Sal y pimienta negra recién molida
- 2 cucharadas de aceite de oliva
- 1 cebolla amarilla mediana, finamente picada
- 2 zanahorias medianas, picadas
- 1 taza de guisantes congelados, descongelados
- 1 taza de granos de maíz congelados, descongelados
- 1 1/2 tazasSalsa de hongos
- $1/2$ cucharadita de tomillo seco

En una cacerola mediana con agua hirviendo, cocine el tempeh durante 30 minutos. Escurrir y secar. Pica finamente el tempeh y déjalo a un lado.

Cocine al vapor las batatas hasta que estén tiernas, unos 20 minutos. Precalienta el horno a 350 ° F. Tritura las batatas con la margarina, la leche de soja y sal y pimienta al gusto. Dejar de lado.

En una sartén grande, caliente 1 cucharada de aceite a fuego medio. Agregue la cebolla y las zanahorias, cubra y cocine hasta que estén blandas, aproximadamente 10 minutos. Transfiera a un molde para hornear de 10 pulgadas.

En la misma sartén, caliente la 1 cucharada de aceite restante a fuego medio. Agregue el tempeh y cocine hasta que se dore por ambos lados, de 8 a 10 minutos. Agrega el tempeh al molde para hornear con la cebolla y las zanahorias. Agregue la salsa de guisantes, maíz y champiñones. Agrega el tomillo y sal y pimienta al gusto. Revuelve para combinar.

Extienda el puré de camote encima, usando una espátula para esparcir uniformemente por los bordes de la sartén. Hornee hasta que las papas estén ligeramente doradas y el relleno esté caliente, aproximadamente 40 minutos. Servir inmediatamente.

18. Pasta Rellena De Berenjena Y Tempeh

Rinde 4 porciones

- 8 onzas de tempeh
- 1 berenjena mediana
- 12 conchas de pasta grandes
- 1 diente de ajo machacado
- ¼ de cucharadita de cayena molida
- Sal y pimienta negra recién molida
- Pan rallado seco sin condimentar

- 3 tazas de salsa marinara, casera (ver Salsa marinara) o comprado en la tienda

En una cacerola mediana con agua hirviendo, cocine el tempeh durante 30 minutos. Escurrir y dejar enfriar.

Precalienta el horno a 450 ° F. Perfore la berenjena con un tenedor y hornee en una bandeja para hornear ligeramente engrasada hasta que esté blanda, aproximadamente 45 minutos.

Mientras se hornea la berenjena, cocine las cáscaras de pasta en una olla con agua hirviendo con sal, revolviendo ocasionalmente, hasta que estén al dente, aproximadamente 7 minutos. Escurrir y dejar correr bajo agua fría. Dejar de lado.

Retire la berenjena del horno, córtela por la mitad a lo largo y escurra el líquido. Reduzca la temperatura del horno a 350 ° F. Engrase ligeramente un molde para hornear de 9 x 13 pulgadas. En un procesador de alimentos, procesa el ajo hasta que esté finamente molido. Agregue el tempeh y pulse hasta que quede molido. Raspar la pulpa de berenjena de su cáscara y agregar al procesador de alimentos con el tempeh y el ajo. Agregue la pimienta de cayena, sazone con sal y pimienta al gusto y presione para combinar. Si el relleno está suelto, agregue un poco de pan rallado.

Extienda una capa de salsa de tomate en el fondo de la fuente para hornear preparada. Introduzca el relleno en las conchas hasta que esté bien empaquetado.

Coloque las conchas encima de la salsa y vierta el resto de la salsa sobre y alrededor de las conchas. Cubra con papel

aluminio y hornee hasta que esté caliente,
aproximadamente 30 minutos. Destapar, espolvorear con
el parmesano y hornear 10 minutos más. Servir
inmediatamente.

19. Fideos de Singapur con tempeh

Rinde 4 porciones

- 8 onzas de tempeh, cortado en dados de 1/2 pulgada
- 8 onzas de fideos de arroz
- 1 cucharada de aceite de sésamo tostado
- 2 cucharadas de aceite de canola o de semilla de uva
- 4 cucharadas de salsa de soja
- 1/2 taza de mantequilla de maní cremosa
- 1/2 taza de leche de coco sin azúcar
- 1/2 taza de agua
- 1 cucharada de jugo de limón fresco
- 1 cucharadita de azúcar morena clara
- 1/2 cucharadita de cayena molida
- 1 pimiento rojo mediano, picado

- 3 tazas de repollo rallado
- 3 dientes de ajo
- 1 taza de cebollas verdes picadas
- 2 cucharaditas de jengibre fresco rallado
- 1 taza de guisantes congelados, descongelados
- Sal
- ¼ de taza de maní tostado sin sal, picado, para decorar
- 2 cucharadas de cilantro fresco picado, para decorar

En una cacerola mediana con agua hirviendo, cocine el tempeh durante 30 minutos. Escurrir y secar. Remoje los fideos de arroz en un recipiente grande con agua caliente hasta que se ablanden, aproximadamente 5 minutos. Escurre bien, enjuaga y transfiere a un tazón grande. Mezcle con el aceite de sésamo y reserve.

En una sartén grande, caliente 1 cucharada de aceite de canola a fuego medio-alto. Agregue el tempeh cocido y cocine hasta que se dore por todos lados, agregando 1 cucharada de salsa de soja para agregar color y sabor. Retire el tempeh de la sartén y reserve.

En una licuadora o procesador de alimentos, combine la mantequilla de maní, la leche de coco, el agua, el jugo de limón, el azúcar, la pimienta de cayena y las 3 cucharadas restantes de salsa de soja. Procese hasta que quede suave y reserve.

En una sartén grande, caliente la 1 cucharada de aceite de canola restante a fuego medio-alto. Agregue el pimiento, el repollo, el ajo, las cebollas verdes y el jengibre y cocine, revolviendo ocasionalmente hasta que se ablanden, aproximadamente 10 minutos. Reduzca el fuego a bajo;

agregue los guisantes, el tempeh dorado y los fideos ablandados. Agregue la salsa, agregue sal al gusto y cocine a fuego lento hasta que esté caliente.

Transfiera a un tazón grande para servir, decore con maní picado y cilantro, y sirva.

20. Tocino tempeh

Rinde 4 porciones

6 onzas de tempeh
2 cucharadas de aceite de canola o de semilla de uva
2 cucharadas de salsa de soja
^{1}1/2 cucharadita de humo líquido

En una cacerola mediana con agua hirviendo, cocine el tempeh durante 30 minutos. Deje enfriar, luego séquelo y córtelo en tiras de 1/8 de pulgada.

En una sartén grande, calienta el aceite a fuego medio. Agregue las rodajas de tempeh y fría por ambos lados hasta que se doren, aproximadamente 3 minutos por lado. Rocíe con la salsa de soja y el humo líquido, teniendo cuidado de no salpicar. Gire el tempeh para cubrir. Servir caliente.

21. Espaguetis y bolas en T

Rinde 4 porciones

- 1 libra de tempeh
- 2 o 3 dientes de ajo finamente picados
- 3 cucharadas de perejil fresco finamente picado
- 3 cucharadas de salsa de soja
- 1 cucharada de aceite de oliva, y más para cocinar
- ¾ taza de pan rallado fresco
- ⅓ taza de harina de gluten de trigo (gluten de trigo vital)
- 3 cucharadas de levadura nutricional
- ¹1/2 cucharadita de orégano seco
- ¹1/2 cucharadita de sal
- ¼ de cucharadita de pimienta negra recién molida

- 1 libra de espaguetis
- 3 tazas de salsa marinara, casera (ver a la izquierda) o comprada en la tienda

En una cacerola mediana con agua hirviendo, cocine el tempeh durante 30 minutos. Escurrir bien y cortar en trozos.

Coloque el tempeh cocido en un procesador de alimentos, agregue el ajo y el perejil y presione hasta que quede molido. Agregue la salsa de soja, el aceite de oliva, el pan rallado, la harina de gluten, la levadura, el orégano, la sal y la pimienta negra, y presione para combinar, dejando algo de textura. Raspe la mezcla de tempeh en un tazón y use sus manos para amasar la mezcla hasta que esté bien mezclada, de 1 a 2 minutos. Use sus manos para enrollar la mezcla en pequeñas bolas, no más grandes de 11/2 pulgadas de diámetro. Repita con la mezcla de tempeh restante.

En una sartén grande ligeramente engrasada, caliente una capa fina de aceite a fuego medio. Agregue las bolas en T, en tandas si es necesario, y cocine hasta que se doren, moviéndolas en la sartén según sea necesario para que se doren uniformemente, de 15 a 20 minutos. Alternativamente, puede colocar las bolas en T en una bandeja para hornear engrasada y hornear a 350 ° F durante 25 a 30 minutos, dándoles vuelta una vez aproximadamente a la mitad.

En una olla grande con agua hirviendo con sal, cocine los espaguetis a fuego medio-alto, revolviendo ocasionalmente, hasta que estén al dente, aproximadamente 10 minutos.

Mientras se cocinan los espaguetis, caliente la salsa marinara en una cacerola mediana a fuego medio hasta que esté caliente.

Cuando la pasta esté cocida, escurrir bien y dividir en 4 platos llanos o tazones de pasta poco profundos. Cubra cada porción con algunas de las bolas en forma de T. Vierta la salsa sobre las T-Balls y los espaguetis y sirva caliente. Combine las bolas T restantes y la salsa en un tazón para servir y sirva.

22. Paglia E Fieno con guisantes

Rinde 4 porciones

- ⅓ taza más 1 cucharada de aceite de oliva
- 2 chalotas medianas, finamente picadas
- ¼ de taza de tocino tempeh picado, casero (ver Tocino tempeh) o comprado en la tienda (opcional)
- Sal y pimienta negra recién molida
- 8 onzas de linguini de trigo normal o integral
- 8 onzas de linguini de espinacas
- Parmesano vegano o Parmasio

En una sartén grande, caliente 1 cucharada de aceite a fuego medio. Agregue las chalotas y cocine hasta que estén tiernas, aproximadamente 5 minutos. Agregue el tocino tempeh, si lo usa, y cocine hasta que esté bien dorado. Agregue los champiñones y cocine hasta que se ablanden, aproximadamente 5 minutos. Sazone con sal y pimienta al gusto. Agregue los guisantes y el 1/3 de taza de aceite restante. Tapar y mantener caliente a fuego muy lento.

En una olla grande con agua hirviendo con sal, cocine los linguini a fuego medio-alto, revolviendo ocasionalmente, hasta que estén al dente, unos 10 minutos. Escurrir bien y transferir a un tazón grande para servir.

Agregue la salsa, sazone con sal y pimienta al gusto y espolvoree con parmesano. Mezcle suavemente para combinar y sirva de inmediato.

SEITÁN

23. Seitán básico cocido a fuego lento

Hace alrededor de 2 libras

seitán

- 1¾ tazas de harina de gluten de trigo (gluten de trigo vital)
- ¹1/2 cucharadita de sal
- ¹1/2 cucharadita de cebolla en polvo
- ¼ de cucharadita de pimentón dulce
- 1 cucharada de aceite de oliva
- 2 cucharadas de salsa de soja
- 12/3 tazas de agua fría

Líquido hirviendo:

- 2 cuartos de galón de agua
- $1/2$ taza de salsa de soja
- 2 dientes de ajo machacados

Haga el seitán: En un procesador de alimentos, combine la harina de gluten de trigo, la levadura nutricional, la sal, la cebolla en polvo y el pimentón. Pulse para mezclar. Agrega el aceite, la salsa de soja y el agua y procesa por un minuto para formar una masa. Coloque la mezcla sobre una superficie de trabajo ligeramente enharinada y amase hasta que quede suave y elástica, aproximadamente 2 minutos.

Prepare el líquido a fuego lento: En una cacerola grande, combine el agua, la salsa de soja y el ajo.

Divida la masa de seitán en 4 partes iguales y colóquelas en el líquido hirviendo. Deje que hierva a fuego medio-alto, luego reduzca el fuego a medio-bajo, cubra y cocine a fuego lento, girando ocasionalmente, durante 1 hora. Apaga el fuego y deja que el seitán se enfríe en el líquido. Una vez frío, el seitán puede usarse en recetas o refrigerarse en el líquido en un recipiente herméticamente cerrado hasta por una semana o congelado hasta por 3 meses.

24. Asado De Seitán Al Horno Relleno

Rinde 6 porciones

- 1 receta Seitán básico cocido a fuego lento, crudo
- 1 cucharada de aceite de oliva
- 1 cebolla amarilla pequeña, picada
- 1 rebanada de apio picada
- $1/2$ cucharadita de tomillo seco
- $1/2$ cucharadita de salvia seca
- $1/2$ taza de agua o más si es necesario
- Sal y pimienta negra recién molida
- 2 tazas de cubitos de pan fresco
- $1/4$ taza de perejil fresco picado

Coloque el seitán crudo en una superficie de trabajo ligeramente enharinada y estírelo con las manos ligeramente enharinadas hasta que esté plano y de aproximadamente 1/2 pulgada de grosor. Coloque el seitán aplanado entre dos hojas de envoltura de plástico o papel pergamino. Usa un rodillo para aplanarlo tanto como puedas (será elástico y resistente). Cubra con una bandeja para hornear cargada con un galón de agua o alimentos enlatados y déjela reposar mientras prepara el relleno.

En una sartén grande, calienta el aceite a fuego medio. Agrega la cebolla y el apio. Cubra y cocine hasta que esté suave, 10 minutos. Agregue el tomillo, la salvia, el agua y la sal y pimienta al gusto. Retirar del fuego y dejar de lado. Coloque el pan y el perejil en un tazón grande para mezclar. Agrega la mezcla de cebolla y licúa bien, agregando un poco más de agua si el relleno está demasiado seco. Pruebe, ajustando los condimentos si es necesario. si necesario. Dejar de lado.

Precalienta el horno a 350 ° F. Engrase ligeramente un molde para hornear de 9 x 13 pulgadas y reserve. Extienda el seitán aplanado con un rodillo hasta que tenga aproximadamente 1/4 de pulgada de grosor. Extienda el relleno sobre la superficie del seitán y enróllelo con cuidado y de manera uniforme. Coloque el asado con la costura hacia abajo en el molde para hornear preparado. Frote un poco de aceite en la parte superior y los lados del asado y hornee, cubierto durante 45 minutos, luego destape y hornee hasta que esté firme y de color marrón brillante, aproximadamente 15 minutos más.

Retirar del horno y dejar reposar durante 10 minutos antes de cortar. Use un cuchillo de sierra para cortarlo en rodajas de 1⁄2 pulgada. Nota: Para un corte más fácil, prepare el asado y déjelo enfriar por completo antes de cortarlo. Corte todo o parte del asado y luego vuelva a calentar en el horno, bien tapado, durante 15 a 20 minutos, antes de servir.

25. Asado De Seitán

Rinde 4 porciones

- 1 receta Seitán básico cocido a fuego lento
- 2 cucharadas de aceite de oliva
- 3 a 4 chalotas medianas, cortadas a la mitad a lo largo
- 1 libra de papas Yukon Gold, peladas y cortadas en trozos de 2 pulgadas
- $1/2$ cucharadita de ajedrea seca
- ¼ de cucharadita de salvia molida
- Sal y pimienta negra recién molida
- Rábano picante, para servir

Siga las instrucciones para hacer seitán a fuego lento
básico, pero divida la masa de seitán en 2 piezas en lugar
de 4 antes de hervir a fuego lento. Después de que el
seitán se haya enfriado en su caldo durante 30 minutos,
retírelo de la cacerola y reserve. Reserva el líquido de
cocción, desechando los sólidos. Reserve 1 pieza de seitán
(aproximadamente 1 libra) para uso futuro colocándolo
en un tazón y cubriéndolo con un poco del líquido de
cocción reservado. Cubra y refrigere hasta que sea
necesario. Si no lo usa dentro de los 3 días, enfríe el seitán
por completo, envuélvalo bien y congele.

En una cacerola grande, caliente 1 cucharada de aceite a
fuego medio. Agrega las chalotas y las zanahorias. Tape y
cocine por 5 minutos. Agrega las papas, tomillo, ajedrea,
salvia y sal y pimienta al gusto. Agregue 1 1/2 tazas del
líquido de cocción reservado y deje hervir. Reduzca el
fuego a bajo y cocine, tapado, durante 20 minutos.

Frote el seitán reservado con la 1 cucharada de aceite
restante y el pimentón. Coloque el seitán encima de las
verduras a fuego lento. Tape y continúe cocinando hasta
que las verduras estén tiernas, unos 20 minutos más.
Corta el seitán en rodajas finas y colócalo en una fuente
grande rodeado de las verduras cocidas. Sirva
inmediatamente, con rábano picante a un lado.

26. Cena de Acción de Gracias de casi un plato

Rinde 6 porciones

- 2 cucharadas de aceite de oliva
- 1 taza de cebolla finamente picada
- 2 costillas de apio finamente picadas
- 2 tazas de champiñones blancos en rodajas
- $1/2$ cucharadita de tomillo seco
- $1/2$ cucharadita de ajedrea seca
- $1/2$ cucharadita de salvia molida
- 1 pizca de nuez moscada molida
- Sal y pimienta negra recién molida
- 2 tazas de cubitos de pan fresco

- 2 1/2 tazas de caldo de verduras, casero (verCaldo de verduras ligero) o comprado en la tienda
- 1/3 taza de arándanos secos endulzados
- 8 onzas de tofu extra firme, escurrido y cortado en rodajas de 1/4 de pulgada
- 8 onzas de seitán, hecho en casa o comprado en la tienda, en rodajas muy finas
- 2 1/2 tazasPuré de papas básico
- 1 hoja de hojaldre congelado, descongelado

Precalienta el horno a 400 ° F. Engrase ligeramente una fuente para hornear cuadrada de 10 pulgadas. En una sartén grande, calienta el aceite a fuego medio. Agrega la cebolla y el apio. Tape y cocine hasta que se ablanden, aproximadamente 5 minutos. Agregue los champiñones, el tomillo, la ajedrea, la salvia, la nuez moscada y la sal y pimienta al gusto. Cocine sin tapar hasta que los champiñones estén tiernos, unos 3 minutos más. Dejar de lado.

En un tazón grande, combine los cubos de pan con la mayor cantidad de caldo que necesite para humedecer (aproximadamente

1 1/2 tazas). Agregue la mezcla de verduras cocidas, las nueces y los arándanos. Revuelva para mezclar bien y reserve.

En la misma sartén, hierva la 1 taza de caldo restante, reduzca el fuego a medio, agregue el tofu y cocine a fuego lento, sin tapar, hasta que se absorba el caldo, aproximadamente 10 minutos. Dejar de lado.

Extienda la mitad del relleno preparado en el fondo de la fuente para hornear preparada, seguido de la mitad del seitán, la mitad del tofu y la mitad de la salsa marrón. Repita las capas con el relleno restante, el seitán, el tofu y la salsa.

27. Seitán Milanesa con Panko y Limón

Rinde 4 porciones

- 2 tazas de panko
- ¹1/4 taza de perejil fresco picado
- ¹1/2 cucharadita de sal
- ¼ de cucharadita de pimienta negra recién molida
- 1 libra de seitán, hecho en casa o comprado en la tienda, cortado en rodajas de 1/4 de pulgada
- 2 cucharadas de aceite de oliva
- 1 limón cortado en gajos

Precalienta el horno a 250 ° F. En un tazón grande, combine el panko, el perejil, la sal y la pimienta. Humedece el seitán con un poco de agua y mézclalo con la mezcla de panko.

En una sartén grande, caliente el aceite a fuego medio-alto. Agregue el seitán y cocine, volteándolo una vez, hasta que esté dorado, trabajando en tandas, si es necesario. Transfiera el seitán cocido a una bandeja para hornear y manténgalo caliente en el horno mientras cocina el resto. Sirva inmediatamente, con rodajas de limón.

28. Seitán con costra de sésamo

Rinde 4 porciones

- ¹/₃ taza de semillas de sésamo
- ¹/₃ taza de harina para todo uso
- ¹1/2 cucharadita de sal
- ¼ de cucharadita de pimienta negra recién molida
- ¹1/2 taza de leche de soja sin azúcar
- 1 libra de seitán, seitán casero o comprado en la tienda, cortado en rodajas de 1/4 de pulgada
- 2 cucharadas de aceite de oliva

Coloque las semillas de sésamo en una sartén seca a fuego medio y tueste hasta que estén ligeramente doradas, revolviendo constantemente, de 3 a 4 minutos. Ponlos a un lado para que se enfríen y luego muélelos en un procesador de alimentos o un molinillo de especias.

Coloque las semillas de sésamo molidas en un recipiente poco profundo y agregue la harina, la sal y la pimienta, y mezcle bien. Coloque la leche de soja en un recipiente poco profundo. Sumerja el seitán en la leche de soja y luego póngalo en la mezcla de sésamo.

En una sartén grande, calienta el aceite a fuego medio. Agregue el seitán, en tandas si es necesario, y cocine hasta que esté crujiente y dorado por ambos lados, aproximadamente 10 minutos. Servir inmediatamente.

29. Seitán con Alcachofas y Aceitunas

Rinde 4 porciones

- 2 cucharadas de aceite de oliva
- 1 libra de seitán, hecho en casa o comprado en la tienda, cortado en rodajas de 1/4 de pulgada
- 2 dientes de ajo picados
- 1 lata (14.5 onzas) de tomates cortados en cubitos, escurridos
- 11/2 tazas de corazones de alcachofa enlatados o congelados (cocidos), cortados en rodajas de 1/4 de pulgada
- 1 cucharada de alcaparras
- 2 cucharadas de perejil fresco picado
- Sal y pimienta negra recién molida
- 1 taza Tofu Feta (Opcional)

Precaliente el horno a 250 ° F. En una sartén grande, caliente 1 cucharada de aceite a fuego medio-alto. Agrega el seitán y dora por ambos lados, unos 5 minutos. Transfiera el seitán a una fuente resistente al calor y manténgalo caliente en el horno.

En la misma sartén, caliente la 1 cucharada de aceite restante a fuego medio. Agregue el ajo y cocine hasta que esté fragante, aproximadamente 30 segundos. Agrega los tomates, los corazones de alcachofa, las aceitunas, las alcaparras y el perejil. Sazone con sal y pimienta al gusto y cocine hasta que esté caliente, aproximadamente 5 minutos. Dejar de lado.

Coloque el seitán en una fuente para servir, cubra con la mezcla de verduras y espolvoree con tofu feta, si lo usa. Servir inmediatamente.

30. Seitán Con Salsa Ancho-Chipotle

Rinde 4 porciones

- 2 cucharadas de aceite de oliva
- 1 cebolla mediana picada
- 2 zanahorias medianas, picadas
- 2 dientes de ajo picados
- 1 lata (28 onzas) de tomates triturados asados al fuego
- ½ taza de caldo de verduras, hecho en casa (verCaldo de verduras ligero) o comprado en la tienda
- 2 chiles anchos secos
- 1 chile chipotle seco

- $^{1}1/2$ taza de harina de maíz amarilla
- $^{1}1/2$ cucharadita de sal
- $^{1}/4$ de cucharadita de pimienta negra recién molida
- 1 libra de seitán, hecho en casa o comprado en la tienda, cortado en rodajas de 1/4 de pulgada

En una cacerola grande, caliente 1 cucharada de aceite a fuego medio. Agrega la cebolla y las zanahorias, tapa y cocina por 7 minutos. Agrega el ajo y cocina 1 minuto. Agrega los tomates, el caldo y los chiles anchos y chipotle. Cocine a fuego lento, sin tapar, durante 45 minutos, luego vierta la salsa en una licuadora y mezcle hasta que quede suave. Regrese a la cacerola y mantenga caliente a fuego muy lento.

En un tazón poco profundo, combine la harina de maíz con la sal y la pimienta. Drague el seitán en la mezcla de harina de maíz, cubriendo uniformemente.

En una sartén grande, caliente las 2 cucharadas de aceite restantes a fuego medio. Agregue el seitán y cocine hasta que se dore por ambos lados, aproximadamente 8 minutos en total. Sirve inmediatamente con la salsa de chile.

31. Seitán Piccata

Rinde 4 porciones

- 1 libra de seitán, hecho en casa o comprado en la tienda, cortado en rodajas de 1/4 de pulgada Sal y pimienta negra recién molida
- $1/2$ taza de harina para todo uso
- 2 cucharadas de aceite de oliva
- 1 chalota mediana, picada
- 2 dientes de ajo picados
- 2 cucharadas de alcaparras
- $1/3$ taza de vino blanco
- $1/3$ taza de caldo de verduras, hecho en casa (verCaldo de verduras ligero) o comprado en la tienda
- 2 cucharadas de jugo de limón fresco
- 2 cucharadas de margarina vegana
- 2 cucharadas de perejil fresco picado

Precalienta el horno a 275 ° F. Sazone el seitán con sal y pimienta al gusto y espolvoree la harina.

En una sartén grande, caliente 2 cucharadas de aceite a fuego medio. Agregue el seitán dragado y cocine hasta que esté ligeramente dorado por ambos lados, aproximadamente 10 minutos. Transfiera el seitán a una fuente resistente al calor y manténgalo caliente en el horno.

En la misma sartén, caliente la 1 cucharada de aceite restante a fuego medio. Agregue la chalota y el ajo, cocine por 2 minutos, luego agregue las alcaparras, el vino y el caldo. Cocine a fuego lento durante uno o dos minutos para reducir un poco, luego agregue el jugo de limón, la margarina y el perejil, revolviendo hasta que la margarina se mezcle con la salsa. Vierta la salsa sobre el seitán dorado y sirva inmediatamente.

28. Seitán con costra de sésamo

Rinde 4 porciones

- ¹⁄3 taza de semillas de sésamo
- ¹⁄3 taza de harina para todo uso
- ¹1/2 cucharadita de sal
- ¹⁄4 de cucharadita de pimienta negra recién molida
- ¹1/2 taza de leche de soja sin azúcar
- 1 libra de seitán, seitán casero o comprado en la tienda, cortado en rodajas de 1/4 de pulgada
- 2 cucharadas de aceite de oliva

Coloque las semillas de sésamo en una sartén seca a fuego medio y tueste hasta que estén ligeramente doradas, revolviendo constantemente, de 3 a 4 minutos. Ponlos a un lado para que se enfríen y luego muélelos en un procesador de alimentos o un molinillo de especias.

Coloque las semillas de sésamo molidas en un recipiente poco profundo y agregue la harina, la sal y la pimienta, y mezcle bien. Coloque la leche de soja en un recipiente poco profundo. Sumerja el seitán en la leche de soja y luego póngalo en la mezcla de sésamo.

En una sartén grande, calienta el aceite a fuego medio. Agregue el seitán, en tandas si es necesario, y cocine hasta que esté crujiente y dorado por ambos lados, aproximadamente 10 minutos. Servir inmediatamente.

32. Seitán de tres semillas

Rinde 4 porciones

- ^{1}1/4 taza de semillas de girasol sin sal y sin cáscara
- ¼ taza de semillas de calabaza sin sal y sin cáscara (pepitas)
- ^{1}1/4 taza de semillas de sésamo
- ¾ taza de harina para todo uso
- 1 cucharadita de cilantro molido
- 1 cucharadita de pimentón ahumado
- ^{1}1/2 cucharadita de sal
- ¼ de cucharadita de pimienta negra recién molida
- 1 libra de seitán, hecho en casa o comprado en la tienda, cortado en trozos pequeños
- 2 cucharadas de aceite de oliva

En un procesador de alimentos, combine las semillas de girasol, las semillas de calabaza y las semillas de sésamo y muela hasta obtener un polvo. Transfiera a un tazón poco profundo, agregue la harina, el cilantro, el pimentón, la sal y la pimienta, y revuelva para combinar.

Humedezca los trozos de seitán con agua, luego drague en la mezcla de semillas para cubrir completamente.

En una sartén grande, calienta el aceite a fuego medio. Agregue el seitán y cocine hasta que esté ligeramente dorado y crujiente por ambos lados. Servir inmediatamente.

33. Fajitas sin Fronteras

Rinde 4 porciones

- 1 cucharada de aceite de oliva
- 1 cebolla morada pequeña, picada
- 10 onzas de seitán, hecho en casa o comprado en la tienda, cortado en tiras de 1/2 pulgada
- 1/4 de taza de chiles verdes picados, picados o picados en lata
- Sal y pimienta negra recién molida
- (10 pulgadas) de tortillas de harina blanda
- 2 tazas de salsa de tomate, casera (ver salsa de tomate fresca) o comprado en la tienda

En una sartén grande, calienta el aceite a fuego medio. Agregue la cebolla, cubra y cocine hasta que se ablanden, aproximadamente 7 minutos. Agrega el seitán y cocina sin tapar por 5 minutos.

Agregue las batatas, los chiles, el orégano y la sal y pimienta al gusto, revolviendo para mezclar bien. Continúe cocinando hasta que la mezcla esté caliente y los sabores estén bien combinados, revolviendo ocasionalmente, aproximadamente 7 minutos.

Caliente las tortillas en una sartén seca. Coloque cada tortilla en un tazón poco profundo. Vierta la mezcla de seitán y camote en las tortillas, luego cubra cada una con aproximadamente 1/3 de taza de salsa. Espolvoree cada tazón con 1 cucharada de aceitunas, si las usa. Sirva inmediatamente, con la salsa restante servida a un lado.

34. Seitán con salsa de manzana verde

Rinde 4 porciones

- 2 manzanas Granny Smith, picadas en trozos grandes
- $1/2$ taza de cebolla morada finamente picada
- $1/2$ chile jalapeño, sin semillas y picado
- $1 1/2$ cucharaditas de jengibre fresco rallado
- 2 cucharadas de jugo de lima fresco
- 2 cucharaditas de néctar de agave
- Sal y pimienta negra recién molida
- 2 cucharadas de aceite de oliva
- 1 libra de seitán, hecho en casa o comprado en la tienda, cortado en rodajas de $1/2$ pulgada

En un tazón mediano, combine las manzanas, la cebolla, el chile, el jengibre, el jugo de lima, el néctar de agave y la sal y pimienta al gusto. Dejar de lado.

Calentar el aceite en una sartén a fuego medio. Agregue el seitán y cocine hasta que se dore por ambos lados, volteando una vez, aproximadamente 4 minutos por lado. Sazone con sal y pimienta al gusto. Agrega el jugo de manzana y cocina por un minuto hasta que se reduzca. Sirva inmediatamente con la salsa de manzana.

35. Salteado de seitán y brócoli-shiitake

Rinde 4 porciones

- 2 cucharadas de aceite de canola o de semilla de uva
- 10 onzas de seitán, hecho en casa o comprado en la tienda, cortado en rodajas de 1/4 de pulgada
- 3 dientes de ajo picados
- 2 cucharaditas de jengibre fresco rallado
- cebollas verdes, picadas
- 1 manojo mediano de brócoli, cortado en floretes de 1 pulgada
- 3 cucharadas de salsa de soja
- 2 cucharadas de jerez seco
- 1 cucharadita de aceite de sésamo tostado
- 1 cucharada de ajonjolí tostado

En una sartén grande, caliente 1 cucharada de aceite a fuego medio-alto. Agregue el seitán y cocine, revolviendo ocasionalmente hasta que esté ligeramente dorado, aproximadamente 3 minutos. Transfiera el seitán a un bol y reserve.

En la misma sartén, caliente la 1 cucharada de aceite restante a fuego medio-alto. Agregue los champiñones y cocine, revolviendo con frecuencia, hasta que se doren, aproximadamente 3 minutos. Agregue el ajo, el jengibre y las cebolletas y cocine 30 segundos más. Agrega la mezcla de champiñones al seitán cocido y reserva.

Agrega el brócoli y el agua a la misma sartén. Tape y cocine hasta que el brócoli comience a ponerse verde brillante, aproximadamente 3 minutos. Destape y cocine, revolviendo con frecuencia, hasta que el líquido se evapore y el brócoli esté tierno y crujiente, aproximadamente 3 minutos más.

Regrese la mezcla de seitán y champiñones a la sartén. Agrega la salsa de soja y el jerez y sofríe hasta que el seitán y las verduras estén calientes, unos 3 minutos. Espolvorea con aceite de sésamo y semillas de sésamo y sirve inmediatamente.

36. Brochetas de Seitán con Duraznos

Rinde 4 porciones

- $1/3$ taza de vinagre balsámico
- 2 cucharadas de vino tinto seco
- 2 cucharadas de azúcar morena clara
- $1/4$ taza de albahaca fresca picada
- $1/4$ taza de mejorana fresca picada
- 2 cucharadas de ajo picado
- 2 cucharadas de aceite de oliva
- 1 libra de seitán, hecho en casa o comprado en la tienda, cortado en trozos de 1 pulgada
- chalotes, cortados por la mitad a lo largo y escaldados
- Sal y pimienta negra recién molida
- 2 duraznos maduros, sin hueso y cortados en trozos de 1 pulgada

CCombine el vinagre, el vino y el azúcar en una cacerola pequeña y deje hervir. Reduzca el fuego a medio y cocine a fuego lento, revolviendo, hasta que se reduzca a la mitad, aproximadamente 15 minutos. Retirar del fuego.

En un tazón grande, combine la albahaca, la mejorana, el ajo y el aceite de oliva. Agregue el seitán, las chalotas y los duraznos, y revuelva para cubrir. Sazone con sal y pimienta al gusto.

Precalienta la parrilla. * Enhebra el seitán, las chalotas y los duraznos en las brochetas y úntalas con la mezcla balsámica.

Coloque las brochetas en la parrilla y cocine hasta que el seitán y los duraznos estén asados, aproximadamente 3 minutos por lado. Unte con la mezcla balsámica restante y sirva inmediatamente.

*En lugar de asar a la parrilla, puede poner estas brochetas debajo del asador. Ase a 4 a 5 pulgadas del fuego hasta que esté caliente y ligeramente dorado alrededor de los bordes, aproximadamente 10 minutos, volteando una vez a la mitad.

37. Brochetas de Seitán y Verduras a la Parrilla

Rinde 4 porciones

- $\frac{1}{3}$ taza de vinagre balsámico
- 2 cucharadas de aceite de oliva
- 1 cucharada de orégano fresco picado o 1 cucharadita seca
- 2 dientes de ajo picados
- $1\frac{1}{2}$ cucharadita de sal
- $\frac{1}{4}$ de cucharadita de pimienta negra recién molida
- 1 libra de seitán, hecho en casa o comprado en la tienda, cortado en cubos de 1 pulgada
- 7 onzas de champiñones blancos pequeños, ligeramente enjuagados y secos
- 2 calabacines pequeños, cortados en trozos de 1 pulgada
- 1 pimiento amarillo mediano, cortado en cuadrados de 1 pulgada
- tomates cherry maduros

En un tazón mediano, combine el vinagre, el aceite, el orégano, el tomillo, el ajo, la sal y la pimienta negra. Agrega el seitán, los champiñones, el calabacín, el pimiento morrón y los tomates, volteándolos para cubrirlos. Deje marinar a temperatura ambiente durante 30 minutos, volteando de vez en cuando. Escurre el seitán y las verduras, reservando la marinada.

Precalienta la parrilla. * Enhebra el seitán, los champiñones y los tomates en las brochetas.

Coloque las brochetas en la parrilla caliente y cocine, girando las brochetas una vez a la mitad de la parrilla, aproximadamente 10 minutos en total. Rocíe con una pequeña cantidad de la marinada reservada y sirva inmediatamente.

*En lugar de asar a la parrilla, puede poner estas brochetas debajo del asador. Ase a 4 a 5 pulgadas del fuego hasta que esté caliente y ligeramente dorado alrededor de los bordes, aproximadamente 10 minutos, volteando una vez a la mitad del asado.

38. Seitan En Croute

Rinde 4 porciones

- 1 cucharada de aceite de oliva
- 2 chalotas medianas, picadas
- onzas de champiñones blancos, picados
- ¼ taza de Madeira
- 1 cucharada de perejil fresco picado
- ¹1/2 cucharadita de tomillo seco
- ¹1/2 cucharadita de ajedrea seca
- 2 tazas de cubitos de pan seco finamente picados
- Sal y pimienta negra recién molida
- 1 hoja de hojaldre congelada, descongelada

- (1/4 de pulgada de grosor) rebanadas de seitán de aproximadamente 3 x 4 pulgadas ovaladas o rectángulos, secas

En una sartén grande, calienta el aceite a fuego medio. Agregue las chalotas y cocine hasta que se ablanden, aproximadamente 3 minutos. Agregue los champiñones y cocine, revolviendo ocasionalmente, hasta que los champiñones se ablanden, aproximadamente 5 minutos. Agregue la Madiera, el perejil, el tomillo y la ajedrea y cocine hasta que el líquido esté casi evaporado. Agregue los cubos de pan y sazone con sal y pimienta al gusto. Dejar enfriar.

Coloque la hoja de hojaldre sobre un gran trozo de película plástica sobre una superficie de trabajo plana. Cubra con otro trozo de envoltura de plástico y use un rodillo para extender la masa ligeramente para suavizarla. Corta la masa en cuartos. Coloque 1 rebanada de seitán en el centro de cada pieza de masa. Divida el relleno entre ellos, extendiéndolo para cubrir el seitán. Cubra cada uno con las rodajas de seitán restantes. Doble la masa para encerrar el relleno, rizando los bordes con los dedos para sellar. Coloque los paquetes de masa, con la costura hacia abajo, en una bandeja para hornear grande sin engrasar y refrigere durante 30 minutos. Precalienta el horno a 400 ° F. Hornee hasta que la corteza esté dorada, unos 20 minutos. Servir inmediatamente.

39. Torta de Seitán y Papa

Rinde 6 porciones

- 2 cucharadas de aceite de oliva
- 1 cebolla amarilla mediana, picada
- 4 tazas de espinacas tiernas frescas picadas o acelgas sin tallos
- 8 onzas de seitán, hecho en casa o comprado en la tienda, finamente picado
- 1 cucharadita de mejorana fresca picada
- $^{1}1/2$ cucharadita de semillas de hinojo molidas
- $1/4$ a $1/2$ cucharadita de pimiento rojo triturado
- Sal y pimienta negra recién molida
- 2 libras de papas Yukon Gold, peladas y cortadas en rodajas de $1/4$ de pulgada
- $1/2$ taza de parmesano vegano oParmasio

Precalienta el horno a 400 ° F. Engrase ligeramente una cazuela de 3 cuartos de galón o un molde para hornear de 9 x 13 pulgadas y reserve.

En una sartén grande, caliente 1 cucharada de aceite a fuego medio. Agregue la cebolla, cubra y cocine hasta que se ablanden, aproximadamente 7 minutos. Agregue las espinacas y cocine, sin tapar, hasta que se ablanden, aproximadamente 3 minutos. Agregue el seitán, la mejorana, las semillas de hinojo y el pimiento rojo triturado y cocine hasta que estén bien combinados. Sazone con sal y pimienta al gusto. Dejar de lado.

Extienda las rodajas de tomate en el fondo de la sartén preparada. Cubra con una capa de rodajas de papa ligeramente superpuestas. Unte la capa de papa con un poco de la cucharada de aceite restante y sazone con sal y pimienta al gusto. Unte aproximadamente la mitad de la mezcla de seitán y espinacas sobre las papas. Cubra con otra capa de papas, seguido del resto de la mezcla de seitán y espinacas. Cubra con una capa final de papas, rocíe con el aceite restante y sal y pimienta al gusto. Espolvorea con el parmesano. Tape y hornee hasta que las papas estén tiernas, de 45 minutos a 1 hora. Destape y continúe horneando para dorar la parte superior, de 10 a 15 minutos. Servir inmediatamente.

40. Pastel de cabaña rústica

Rinde de 4 a 6 porciones

- Papas Yukon Gold, peladas y cortadas en dados de 1 pulgada
- 2 cucharadas de margarina vegana
- $1/4$ taza de leche de soja sin azúcar
- Sal y pimienta negra recién molida
- 1 cucharada de aceite de oliva

- 1 cebolla amarilla mediana, finamente picada
- 1 zanahoria mediana, finamente picada
- 1 costilla de apio finamente picada
- onzas de seitán, hecho en casa o comprado en la tienda, finamente picado
- 1 taza de guisantes congelados
- 1 taza de granos de elote congelados
- 1 cucharadita de ajedrea seca
- $1/2$ cucharadita de tomillo seco

En una cacerola con agua hirviendo con sal, cocine las papas hasta que estén tiernas, de 15 a 20 minutos. Escurrir bien y volver a la olla. Agrega la margarina, la leche de soja y sal y pimienta al gusto. Triturar con un machacador de papas y reservar. Precalienta el horno a 350 ° F.

En una sartén grande, calienta el aceite a fuego medio. Agrega la cebolla, la zanahoria y el apio. Tape y cocine hasta que estén tiernos, unos 10 minutos. Transfiera las verduras a un molde para hornear de 9 x 13 pulgadas. Agregue el seitán, la salsa de champiñones, los guisantes, el maíz, la ajedrea y el tomillo. Sazone con sal y pimienta al gusto y esparza la mezcla uniformemente en el molde para hornear.

Cubra con el puré de papas, extendiendo hasta los bordes de la bandeja para hornear. Hornee hasta que las papas estén doradas y el relleno burbujee, aproximadamente 45 minutos. Servir inmediatamente.

41. Seitán con Espinacas y Tomates

Rinde 4 porciones

- 2 cucharadas de aceite de oliva
- 1 libra de seitán, hecho en casa o comprado en la tienda, cortado en tiras de 1/4 de pulgada
- Sal y pimienta negra recién molida
- 3 dientes de ajo picados
- 4 tazas de espinacas tiernas frescas
- tomates secados al sol envasados en aceite, cortados en tiras de 1/4 de pulgada
- 1/2 taza de aceitunas Kalamata sin hueso, cortadas por la mitad
- 1 cucharada de alcaparras
- 1/4 de cucharadita de pimiento rojo triturado

En una sartén grande, calienta el aceite a fuego medio. Agregue el seitán, sazone con sal y pimienta negra al gusto y cocine hasta que se dore, aproximadamente 5 minutos por lado.

Agregue el ajo y cocine por 1 minuto para ablandar. Agregue las espinacas y cocine hasta que se ablanden, aproximadamente 3 minutos. Agregue los tomates, las aceitunas, las alcaparras y el pimiento rojo triturado. Se sazona con sal y pimienta negro al gusto. Cocine, revolviendo, hasta que los sabores se hayan mezclado, aproximadamente 5 minutos.

Servir inmediatamente.

42. Seitán y patatas gratinadas

Rinde 4 porciones

- 2 cucharadas de aceite de oliva
- 1 cebolla amarilla pequeña, picada
- ¹1/4 taza de pimiento verde picado
- papas Yukon Gold grandes, peladas y cortadas en rodajas de 1/4 de pulgada
- ¹1/2 cucharadita de sal
- ¼ de cucharadita de pimienta negra recién molida
- 10 onzas de seitán, hecho en casa o comprado en la tienda, picado
- ¹1/2 taza de leche de soja sin azúcar
- 1 cucharada de margarina vegana
- 2 cucharadas de perejil fresco picado, como guarnición

Precalienta el horno a 350 ° F. Engrase ligeramente un molde para hornear cuadrado de 10 pulgadas y reserve.

En una sartén, calienta el aceite a fuego medio. Agregue la cebolla y el pimiento y cocine hasta que estén tiernos, aproximadamente 7 minutos. Dejar de lado.

En la bandeja para hornear preparada, coloque la mitad de las papas en capas y espolvoree con sal y pimienta negra al gusto. Espolvoree la mezcla de cebolla y pimiento morrón y el seitán picado encima de las papas. Cubra con las rodajas de papa restantes y sazone con sal y pimienta negra al gusto.

En un tazón mediano, combine la salsa marrón y la leche de soya hasta que estén bien mezclados. Vierta sobre las patatas. Salpique la capa superior con margarina y cúbrala bien con papel de aluminio. Hornea por 1 hora. Retire el papel de aluminio y hornee por 20 minutos más o hasta que la parte superior esté dorada. Sirve inmediatamente espolvoreado con el perejil.

43. Salteado de fideos coreanos

Rinde 4 porciones

- 8 onzas de dang myun o fideos de hilo de frijoles
- 2 cucharadas de aceite de sésamo tostado
- 1 cucharada de azucar
- ^{1}1/4 cucharadita de sal
- 1/4 de cucharadita de cayena molida
- 2 cucharadas de aceite de canola o de semilla de uva
- 8 onzas de seitán, hecho en casa o comprado en la tienda, cortado en tiras de 1/4 de pulgada
- 1 cebolla mediana, cortada a la mitad a lo largo y en rodajas finas
- 1 zanahoria mediana, cortada en palitos finos
- 6 onzas de hongos shiitake frescos, sin tallo y en rodajas finas
- 3 tazas de col bok choy u otro repollo asiático finamente rebanado

- 3 cebollas verdes picadas
- 3 dientes de ajo finamente picados
- 1 taza de brotes de soja
- 2 cucharadas de semillas de sésamo, para decorar

Remoja los fideos en agua caliente durante 15 minutos. Escurra y enjuague con agua fría. Dejar de lado.

En un tazón pequeño, combine la salsa de soja, el aceite de sésamo, el azúcar, la sal y la pimienta de cayena y reserve.

En una sartén grande, caliente 1 cucharada de aceite a fuego medio-alto. Agregue el seitán y saltee hasta que se dore, aproximadamente 2 minutos. Retirar de la sartén y reservar.

Agrega la cucharada restante de aceite de canola en la misma sartén y calienta a fuego medio-alto. Agregue la cebolla y la zanahoria y saltee hasta que se ablanden, aproximadamente 3 minutos. Agregue los champiñones, el bok choy, las cebollas verdes y el ajo y saltee hasta que se ablanden, aproximadamente 3 minutos.

Agregue los brotes de soja y saltee durante 30 segundos, luego agregue los fideos cocidos, el seitán dorado y la mezcla de salsa de soja y revuelva para cubrir. Continúe cocinando, revolviendo ocasionalmente, hasta que los ingredientes estén calientes y bien combinados, de 3 a 5 minutos. Transfiera a un plato grande para servir, espolvoree con semillas de sésamo y sirva inmediatamente.

44. Chile de frijoles rojos condimentado con jerk

Rinde 4 porciones

- 1 cucharada de aceite de oliva
- 1 cebolla mediana picada
- 10 onzas de seitán, hecho en casa o comprado en la tienda, picado
- 3 tazas cocidas o 2 latas (15.5 onzas) de frijoles rojos oscuros, escurridos y enjuagados
- (14.5 onzas) de tomates triturados
- (14.5 onzas) de tomates cortados en cubitos, escurridos
- (4 onzas) de chiles verdes tiernos o picantes picados, escurridos
- ½ taza de salsa barbacoa, casera o comprada en la tienda
- 1 taza de agua
- 1 cucharada de salsa de soja
- 1 cucharada de chile en polvo

- 1 cucharadita de comino molido
- 1 cucharadita de pimienta gorda molida
- 1 cucharadita de azucar
- ^{1}1/2 cucharadita de orégano molido
- ¼ de cucharadita de cayena molida
- ^{1}1/2 cucharadita de sal
- ¼ de cucharadita de pimienta negra recién molida

En una olla grande, calienta el aceite a fuego medio. Agrega la cebolla y el seitán. Tape y cocine, hasta que la cebolla se ablande, unos 10 minutos.

Agregue los frijoles, los tomates triturados, los tomates cortados en cubitos y los chiles. Agregue la salsa barbacoa, el agua, la salsa de soja, el chile en polvo, el comino, la pimienta de Jamaica, el azúcar, el orégano, la cayena, la sal y la pimienta negra.

Lleve a ebullición, luego reduzca el fuego a medio y cocine a fuego lento, tapado, hasta que las verduras estén tiernas, aproximadamente 45 minutos. Destape y cocine a fuego lento unos 10 minutos más. Servir inmediatamente.

45. Estofado de otoño

Rinde de 4 a 6 porciones

- 2 cucharadas de aceite de oliva
- 10 onzas de seitán, hecho en casa o comprado en la tienda, cortado en cubos de 1 pulgada
- Sal y pimienta negra recién molida
- 1 cebolla amarilla grande, picada
- 2 dientes de ajo picados
- 1 papa rojiza grande, pelada y cortada en dados de 1/2 pulgada
- 1 chirivía mediana, cortada en dados de 1/4 de pulgada picada
- 1 calabaza pequeña, pelada, cortada por la mitad, sin semillas y cortada en dados de 1/2 pulgada
- 1 col de col rizada, picada
- 1 lata (14.5 onzas) de tomates cortados en cubitos, escurridos

- 1½ tazas cocidas o 1 lata (15.5 onzas) de garbanzos, escurridos y enjuagados
- 2 tazas de caldo de verduras, casero (ver Caldo de verduras ligero) o comprado en la tienda, o agua
- ¹1/2 cucharadita de mejorana seca
- ¹1/2 cucharadita de tomillo seco
- ¹1/2 taza de pasta cabello de ángel desmenuzada

En una sartén grande, caliente 1 cucharada de aceite a fuego medio-alto. Agregue el seitán y cocine hasta que se dore por todos lados, aproximadamente 5 minutos. Sazone con sal y pimienta al gusto y reserve.

En una cacerola grande, caliente la cucharada de aceite restante a fuego medio. Añadir la cebolla y el ajo. Tape y cocine hasta que se ablanden, aproximadamente 5 minutos. Agregue la papa, la zanahoria, la chirivía y la calabaza. Tape y cocine hasta que se ablanden, aproximadamente 10 minutos.

Agregue el repollo, los tomates, los garbanzos, el caldo, el vino, la mejorana, el tomillo y sal y pimienta al gusto. Haga hervir, luego reduzca la flama a bajo. Tape y cocine, revolviendo ocasionalmente, hasta que las verduras estén tiernas, aproximadamente 45 minutos. Agregue el seitán cocido y la pasta y cocine a fuego lento hasta que la pasta esté tierna y los sabores se mezclen, unos 10 minutos más. Servir inmediatamente.

46. Arroz Italiano con Seitán

Rinde 4 porciones

- 2 tazas de agua
- 1 taza de arroz integral o blanco de grano largo
- 2 cucharadas de aceite de oliva
- 1 cebolla amarilla mediana, picada
- 2 dientes de ajo picados
- 10 onzas de seitán, hecho en casa o comprado en la tienda, picado
- 4 onzas de champiñones blancos picados
- 1 cucharadita de albahaca seca
- $1/2$ cucharadita de semillas de hinojo molidas
- $1/4$ de cucharadita de pimiento rojo triturado
- Sal y pimienta negra recién molida

En una cacerola grande, lleve el agua a hervir a fuego alto. Agregue el arroz, reduzca el fuego a bajo, cubra y cocine hasta que esté tierno, aproximadamente 30 minutos.

En una sartén grande, calienta el aceite a fuego medio.
Agregue la cebolla, tape y cocine hasta que se ablanden,
aproximadamente 5 minutos. Agregue el seitán y cocine
sin tapar hasta que se dore. Agregue los champiñones y
cocine hasta que estén tiernos, unos 5 minutos más.
Agregue la albahaca, el hinojo, el pimiento rojo triturado y
la sal y pimienta negra al gusto.

Transfiera el arroz cocido a un tazón grande para servir.
Agregue la mezcla de seitán y mezcle bien. Agregue una
generosa cantidad de pimienta negra y sirva
inmediatamente.

47. Hachís de dos patatas

Rinde 4 porciones

- 2 cucharadas de aceite de oliva
- 1 cebolla morada mediana, picada
- 1 pimiento morrón rojo o amarillo mediano, picado
- 1 papa roja mediana cocida, pelada y cortada en cubos de 1/2 pulgada
- 1 camote mediano cocido, pelado y cortado en cubos de 1/2 pulgada
- 2 tazas de seitán picado, casero
- Sal y pimienta negra recién molida

48. En una sartén grande, caliente el aceite a fuego medio. Agrega la cebolla y el pimiento morrón. Tape y cocine hasta que se ablanden, aproximadamente 7 minutos.

49. Agrega la papa blanca, el camote y el seitán y
    sazona con sal y pimienta al gusto. Cocine, sin
    tapar, hasta que esté ligeramente dorado,
    revolviendo con frecuencia, aproximadamente 10
    minutos. Servir caliente.

48. Enchiladas De Crema Agria De Seitán

PARA 8 PERSONAS
INGREDIENTES

seitán

- 1 taza de harina de gluten de trigo vital
- 1/4 taza de harina de garbanzo
- 1/4 taza de levadura nutricional
- 1 cucharadita de cebolla en polvo
- 1/2 cucharadita de ajo en polvo
- 1 1/2 cucharaditas de caldo de verduras en polvo
- 1/2 taza de agua
- 2 cucharadas de jugo de limón recién exprimido
- 2 cucharadas de salsa de soja
- 2 tazas de caldo de verduras

Salsa de crema agria

- 2 cucharadas de margarina vegana

- 2 cucharadas de harina
- 1 1/2 tazas de caldo de verduras
- 2 (8 oz) cartones de crema agria vegana
- 1 taza de salsa verde (salsa de tomatillo)
- 1/2 cucharadita de sal
- 1/2 cucharadita de pimienta blanca molida
- 1/4 taza de cilantro picado

Enchiladas

- 2 cucharadas de aceite de oliva
- 1/2 cebolla mediana, cortada en cubitos
- 2 dientes de ajo picados
- 2 chiles serranos, picados (ver sugerencia)
- 1/4 taza de pasta de tomate
- 1/4 taza de agua
- 1 cucharada de comino
- 2 cucharadas de chile en polvo
- 1 cucharadita de sal
- 15-20 tortillas de maíz
- 1 paquete (8 oz) de Daiya Cheddar Style Shreds
- 1/2 taza de cilantro picado

MÉTODO

a) Prepara el seitán. Precaliente el horno a 325 grados Fahrenheit. Engrase ligeramente una cazuela con tapa con spray antiadherente. Combine las harinas, la levadura nutricional, las especias y el caldo de verduras en polvo en un tazón grande. Mezcle el agua, el jugo de limón y la salsa de soja en un tazón pequeño. Agregue los ingredientes húmedos a los ingredientes secos y revuelva hasta que se forme una masa. Ajuste la cantidad de agua o gluten según sea necesario (consulte el consejo). Amasar la masa durante 5 minutos, luego formar una hogaza. Coloque el seitán en la cazuela y cubra con 2 tazas de caldo de verduras. Tape y cocine por 40 minutos. Voltee la hogaza, luego cubra y cocine por otros 40 minutos. Retire el seitán del plato y déjelo reposar hasta que esté lo suficientemente frío como para manipularlo.

b) Introduzca un tenedor en la parte superior del pan de seitán y manténgalo en su lugar con una mano. Use un segundo tenedor para triturar el pan en trozos pequeños y se desmorona.

c) Prepara la salsa de crema agria. Derrita la margarina en una olla grande a fuego medio. Agregue la harina con un batidor de varillas y cocine durante 1 minuto. Vierta lentamente el caldo de verduras mientras bate constantemente hasta que quede suave. Cocine durante 5 minutos, sin dejar de batir, hasta que la salsa se espese. Agregue la crema agria y la salsa verde, luego agregue los ingredientes restantes de la salsa. No deje que hierva, pero cocine hasta que esté completamente caliente. Retirar del fuego y dejar de lado.

d) Prepara las enchiladas. Caliente el aceite de oliva en una sartén grande a fuego medio. Agregue la cebolla y cocine 5 minutos o hasta que esté transparente. Agrega el ajo y los chiles serranos y cocina 1 minuto más. Agregue el seitán rallado, la pasta de tomate, el comino, el chile en polvo y la sal. Cocine 2 minutos, luego retire del fuego.

e) Precaliente el horno a 350 grados Fahrenheit. Calienta las tortillas en una sartén o en el microondas y cúbrelas con un paño de cocina. Unte 1 taza de salsa de crema agria en el fondo de una fuente para hornear de 5 cuartos. Coloque un escaso 1/4 de taza de la mezcla de seitán rallado y 1 cucharada de Daiya en una tortilla. Enróllelo y colóquelo en la fuente para hornear con la costura hacia abajo. Repita con las tortillas restantes. Cubra las enchiladas con la salsa de crema agria restante, luego espolvoree con Daiya.

f) Hornee las enchiladas durante 25 minutos o hasta que burbujeen y estén ligeramente doradas. Deje enfriar por 10 minutos. Espolvoree con 1/2 taza de cilantro picado y sirva.

49. Asado de seitán relleno vegano

Ingredientes

Para el seitán:

- 4 dientes de ajo grandes
- 350 ml de caldo de verduras frío
- 2 cucharadas de aceite de girasol
- 1 cucharadita de Marmite opcional

- 280 g de gluten de trigo vital
- 3 cucharadas de hojuelas de levadura nutricional
- 2 cucharaditas de pimentón dulce
- 2 cucharaditas de caldo de verduras en polvo
- 1 cucharadita de agujas de romero frescas
- ½ cucharadita de pimienta negra

Más:

- 500 g Relleno vegano de col lombarda y champiñones
- 300 g Puré de calabaza picante
- Métrica: habitual en EE. UU.

Instrucciones

a) Precaliente su horno a 180 ° C (350 ° F / marca de gas 4).

b) En un tazón grande, mezcle el vital gluten de trigo, levadura nutricional, caldo en polvo, pimentón, romero y pimienta negra.

c) Usando una licuadora (de encimera o de inmersión), mezcle el ajo, el caldo, el aceite y el Marmite juntos, y luego agregue a los ingredientes secos.

d) Mezclar bien hasta incorporar todo y luego amasar durante cinco minutos. (nota 1)

e) En un trozo grande de papel de hornear de silicona, extienda el seitán en una forma vagamente rectangular, hasta que tenga alrededor de 1,5 cm (½ ") de grosor.

f) Unte generosamente con el puré de calabaza y luego agregue una capa de relleno de repollo y champiñones.

g) Usando el pergamino para hornear, y comenzando por uno de los extremos cortos, enrolle con cuidado el seitán en forma de tronco. Trate de no estirar el seitán mientras hace esto. Presione los extremos del seitán para sellar.

h) Envuelva bien el tronco en papel de aluminio. Si su papel de aluminio es delgado, use dos o tres capas.

i) (Envuelvo el mío como un caramelo gigante, ¡y giro con fuerza los extremos del papel de aluminio para evitar que se deshaga!)

j) Coloque el seitán directamente en un estante en el centro del horno y cocine durante dos horas, dándole la vuelta cada 30 minutos, para asegurar una cocción y un dorado uniforme.

k) Una vez que esté cocido, deje que el asado de seitán relleno repose en su envoltorio durante 20 minutos antes de cortarlo.

l) Sirva con verduras asadas tradicionales, salsa de champiñones preparada con anticipación y cualquier otro adorno que desee.

50. Sándwich de Seitán Cubano

Ingredientes

- Seitán asado al mojo:
- 3/4 taza de jugo de naranja natural
- 3 cucharadas de jugo de limón fresco
- 3 cucharadas de aceite de oliva
- 4 dientes de ajo picados
- 1 cucharadita de orégano seco
- 1/2 cucharadita de comino molido
- 1/2 cucharadita de sal
- 1/2 libra de seitán, cortado en rodajas de 1/4 de pulgada de grosor

Para el montaje:

- 4 rollos de sándwich submarino vegano (de 6 a 8 pulgadas de largo), o 1 pan italiano vegano suave, cortado a lo ancho en 4 piezas

- Mantequilla vegana a temperatura ambiente o aceite de oliva
- Mostaza amarilla
- 1 taza de rebanadas de pepinillos con pan y mantequilla 8 rebanadas de jamón vegano comprado en la tienda
- 8 rebanadas de queso vegano de sabor suave (se prefiere el sabor a queso americano o amarillo)

Direcciones

a) Prepara el seitán: Precalienta el horno a 375 ° F. Batir todos los ingredientes del mojo, excepto el seitán, en un molde para hornear de cerámica o vidrio de 7 x 11 pulgadas. Agregue las tiras de seitán y revuelva para cubrir con la marinada. Ase durante 10 minutos, luego voltee las rodajas una vez, hasta que los bordes estén ligeramente dorados y quede un poco de adobo jugoso (¡no hornee en exceso!). Retirar del horno y dejar enfriar.

b) Ensamblar los sándwiches: Cortar cada rollo o pieza de pan por la mitad horizontalmente y untar generosamente ambas mitades con la mantequilla o untar con aceite de oliva. En la mitad inferior de cada rollo, extienda una capa gruesa de mostaza, unas rodajas de pepinillo, dos rodajas de jamón y un cuarto de las rodajas de seitán, y cubra con dos rodajas de queso.

c) Frote un poco de la marinada restante en el lado cortado de la otra mitad del rollo, luego colóquelo encima de la mitad inferior del sándwich. Cepille la parte exterior del sándwich con un poco más de aceite de oliva o unte con la mantequilla.

d) Precaliente una sartén de hierro fundido de 10 a 12 pulgadas a fuego medio. Transfiera suavemente dos sándwiches a la sartén, luego cubra con algo pesado y resistente al calor, como otra sartén de hierro fundido o un ladrillo cubierto con varias capas de papel de aluminio resistente. Asa el sándwich durante 3 a 4 minutos, vigilando con atención para evitar que el pan se queme; si es necesario, baje un poco el fuego mientras se cocina el sándwich.

e) Cuando el pan se vea tostado, retire la sartén / ladrillo y use una espátula ancha para voltear con cuidado cada sándwich. Presione nuevamente con el peso y cocine por otros 3 minutos más o menos, hasta que el queso esté caliente y derretido.

f) Retire el peso, transfiera cada sándwich a una tabla de cortar y córtelo en diagonal con un cuchillo de sierra. ¡Servir caliente!

CONCLUSIÓN

El tempeh ofrece un sabor a nuez más fuerte y es más denso y más rico en fibra y proteína. El seitán es más furtivo que el tempeh porque a menudo puede pasar como carne debido a su sabroso sabor. Como beneficio adicional, también es más alto en proteínas y más bajo en carbohidratos.

El seitán es la menor proteína de origen vegetal que requiere la menor cantidad de preparación. Por lo general, puede sustituir la carne por seitán en las recetas utilizando una sustitución 1: 1 y, a diferencia de la carne, no es necesario calentarla antes de comerla. Una de las mejores formas de utilizarlo es como migas en salsa para pasta.

Cuando se trata de tempeh, es importante marinarlo bien. Las opciones de adobo pueden incluir salsa de soja, jugo de lima o limón, leche de coco, mantequilla de maní, jarabe de arce, jengibre o especias. Si no tienes horas para marinar tu tempeh, puedes cocinarlo al vapor con agua para ablandarlo y hacerlo más poroso.

LIBRO DE COCINA TOFUPARA VEGANOS

50 RECETAS SALUDABLES

MORENA DENIZ

INTRODUCCIÓN

Si está buscando mezclar sus fuentes de proteínas con potencias vegetales, no busque más que el tofu como una opción vegana o vegetariana fácil de cocinar. El tofu es flexible, en cuanto a cocinar. Esto se debe a que viene en una variedad de texturas (dependiendo de la cantidad de agua que se extraiga) y es bastante suave. Debido a que es relativamente insípido, se adapta bien a otros sabores sin competir con ellos.

El tofu, también conocido como tofu, es un alimento que se prepara coagulando la leche de soja y luego presionando la cuajada resultante en bloques blancos sólidos de diferente suavidad; puede ser sedoso, suave, firme, extra firme o súper firme. Más allá de estas amplias categorías, existen muchas variedades de tofu. Tiene un sabor sutil, por lo que se puede utilizar en platos salados y dulces. A menudo se sazona o se marina para adaptarse al plato y sus sabores, y debido a su textura esponjosa absorbe bien los sabores.

Si nunca ha trabajado con él antes, cocinar tofu puede ser abrumador. Pero una vez que aprenda un poco al respecto, ¡no podría ser más fácil preparar bien el tofu! ¡A continuación, encontrará las recetas más deliciosas y fáciles para que cocine como un profesional!

Consejos simples para cocinar tofu:

- Asegúrate de seleccionar la textura correcta. En las tiendas de comestibles, varía de sedoso a firme y extra firme. El tofu suave y sedoso sería mi elección para mezclarlo con postres o cortarlo en una sopa de miso, pero si lo sirve como plato principal o lo cubre en tazones, lo que necesita es extra firme. Tiene una textura más abundante, más densa y menos contenido de agua que otros tipos de tofu. Nota: Prefiero comprar tofu orgánico elaborado sin soja modificada genéticamente.

- Presionalo. El tofu contiene mucha agua y querrá exprimir la mayor parte, especialmente si lo está horneando, asando a la parrilla o friendo. Las prensas de tofu están disponibles en las tiendas, pero no es necesario tener una. Puede usar una pila de libros, o simplemente hacer lo que yo hago, y usar sus manos para presionarlo ligeramente en una toalla de cocina o toallas de papel. (¡Solo asegúrese de no presionar demasiado, o se desmoronará!)

- Especia. Eso. Arriba. Hay una razón por la que el tofu recibe críticas por ser insípido, ¡y es porque lo es! Asegúrate de sazonarlo bien. Puede marinarlo o prepararlo con una receta de tofu crujiente al horno.

1. Cuajada de Frijoles con Salsa de Ostras

- 8 onzas de tofu
- 4 onzas de champiñones frescos 6 cebollas verdes
- 3 tallos de apio
- pimiento rojo o verde
- cucharadas de aceite vegetal 1/2 taza de agua
- cucharada de maicena
- cucharadas de salsa de ostras 4 cucharaditas de jerez seco
- 4 cucharaditas de salsa de soja

Corte la cuajada de frijoles en cubos de 1/2 pulgada.
Limpiar los champiñones y cortarlos en rodajas. Corta las

cebollas en trozos de 1 pulgada. Corte el apio en rodajas diagonales de 1/2 pulgada. Quite las semillas de la pimienta y corte la pimienta en trozos de 1/2 pulgada.

Calentar 1 cucharada de aceite en wok a fuego alto. Cocine la cuajada de frijoles en el aceite, revolviendo suavemente, hasta que estén ligeramente dorados, 3 minutos. Retirar de la sartén.

Caliente la 1 cucharada de aceite restante en un wok a fuego alto. Agrega los champiñones, las cebollas, el apio y el pimiento. Sofríe durante 1 minuto.

Vuelva a poner la cuajada de frijoles en el wok. Mezcle ligeramente para combinar. Licue el agua, la maicena, la salsa de ostras, el jerez y la salsa de soja. Vierta sobre la mezcla en wok. Cocinar y

revuelva hasta que hierva el líquido. Cocine y revuelva 1 minuto más.

2. Tofu frito

- 1 bloque de tofu firme
- ¼ taza de maicena
- 4-5 tazas de aceite para freír

Escurre el tofu y córtalo en cubos. Cubrir con la maicena.

Agregue aceite a un wok precalentado y caliente a 350 ° F. Cuando el aceite esté caliente, agrega los cuadrados de tofu y sofríe hasta que se doren. Escurrir sobre toallas de papel.

Rinde 2¾ tazas

Este batido sabroso y nutritivo es ideal para el desayuno o la merienda. Para darle más sabor, agregue bayas de temporada.

3. Cuajada de Frijoles Fermentados con Espinacas

- 5 tazas de hojas de espinaca
- 4 cubos de tofu fermentado con chiles
- Una pizca de polvo de cinco especias (menos de ⅛ cucharilla)
- 2 cucharadas de aceite para sofreír
- 2 dientes de ajo picados

  Blanquear las espinacas sumergiendo las hojas brevemente en agua hirviendo. Escurrir bien.

  Tritura los cubos de tofu fermentado y mézclalos con el polvo de cinco especias.

  Agregue aceite a un wok o sartén precalentado. Cuando el aceite esté caliente, agregue el ajo y saltee brevemente hasta que esté aromático. Agregue las espinacas y saltee durante 1 a 2 minutos. Agregue el puré de tofu en el medio del wok y mezcle con las espinacas. Cocine y sirva caliente.

4. Tofu Guisado

- 1 libra de carne de res
- 4 hongos secos
- 8 onzas de tofu prensado
- 1 taza de salsa de soja ligera
- ¼ taza de salsa de soja oscura
- ¼ taza de vino de arroz chino o jerez seco
- 2 cucharadas de aceite para sofreír
- 2 rodajas de jengibre
- 2 dientes de ajo picados
- 2 tazas de agua
- 1 anís estrellado

Corta la carne en rodajas finas. Remoje los champiñones secos en agua caliente durante al menos 20 minutos para que se ablanden. Apriete suavemente para eliminar el exceso de agua y corte.

Corta el tofu en cubos de ½ pulgada. Combine la salsa de soja clara, la salsa de soja oscura, el vino de arroz Konjac, el blanco y el marrón y reserve.

Agregue aceite a un wok o sartén precalentado. Cuando el aceite esté caliente, agregue las rodajas de jengibre y el ajo y saltee brevemente hasta que esté aromático. Agregue la carne y cocine hasta que se dore. Antes de que la carne haya terminado de cocinarse, agregue los cubos de tofu y fría brevemente.

Agrega la salsa y 2 tazas de agua. Agrega el anís estrellado. Deje hervir, luego baje el fuego y cocine a fuego lento. Después de 1 hora, agregue los champiñones secos. Cocine a fuego lento durante otros 30 minutos, o hasta que el líquido se reduzca. Si lo desea, retire el anís estrellado antes de servir.

5. Fideos chinos en salsa de maní y sésamo

- 1 libra de fideos estilo chino
- 2 cucharadas. aceite de sésamo oscuro

VENDAJE:

- 6 cucharadas mantequilla de maní 1/4 taza de agua
- 3 cucharadas salsa de soja ligera 6 cucharadas. salsa de soja oscura
- 6 cucharadas tahini (pasta de sésamo)
- 1/2 taza de aceite de sésamo oscuro 2 cucharadas. Jerez
- 4 cucharaditas Vinagre de vino de arroz 1/4 taza de miel
- 4 dientes de ajo medianos, picados
- 2 cucharaditas jengibre fresco picado
- 2-3 cucharadas aceite de ají picante (o la cantidad a su gusto) 1/2 taza de agua caliente

Combine las hojuelas de pimiento rojo picante y el aceite en una cacerola a fuego medio. Deje hervir y apague el fuego inmediatamente. Dejar enfriar. Colar en un recipiente de vidrio pequeño que se pueda sellar. Refrigerar.

GUARNACIÓN:

- 1 zanahoria pelada
- 1/2 pepino mediano firme, pelado, sin semillas y cortado en juliana 1/2 taza de maní tostado, picado grueso
- 2 cebollas verdes, en rodajas finas

Cocine los fideos en una olla grande con agua hirviendo a fuego medio. Cocine hasta que esté apenas tierno y aún firme. Escurrir inmediatamente y enjuagar con agua fría hasta que esté fría. Escurra bien y mezcle los fideos con (2 cucharadas) de aceite de sésamo oscuro para que no se peguen.

PARA ADEREZAR: combine todos los ingredientes excepto el agua caliente en una licuadora y mezcle hasta que quede suave. Diluir con agua caliente hasta obtener la consistencia de crema batida.

Para adornar, pele la pulpa de la zanahoria en virutas cortas de aproximadamente 4 "de largo. Colóquelas en agua helada durante 30 minutos para que se ricen. Justo antes de servir, mezcle los fideos con la salsa. Adorne con pepino, maní, cebolla verde y rizos de zanahoria. Sirva frío o a temperatura ambiente.

6. Fideos mandarina

- hongos chinos secos
- 1/2 libra de fideos chinos frescos 1/4 taza de aceite de maní
- cucharada de salsa hoisin 1 cucharada de salsa de frijoles
- cucharadas de vino de arroz o jerez seco 3 cucharadas de salsa de soja ligera
- o cariño
- 1/2 taza de líquido de remojo de champiñones reservado 1 cucharadita de pasta de chile
- 1 cucharada de maicena
- 1/2 pimiento rojo - en cubos de 1/2 pulgada
- 1/2 lata de 8 onzas de brotes de bambú enteros, cortados en 1/2 cubos enjuagados y escurridos 2 tazas de brotes de soja
- cebollín - en rodajas finas

Remoje los champiñones chinos en 1 1/4 tazas de agua caliente durante 30 minutos. Mientras se remojan, hierva 4 litros de agua y cocine los fideos por 3 minutos. Escurrir y mezclar con 1 cucharada de aceite de maní; dejar de lado.

Retire los champiñones; cuele y reserve 1/2 taza del líquido de remojo para la salsa. Trin y deseche los tallos de los hongos; Picar las tapas en trozos grandes y reservar.

Combine los ingredientes para la salsa en un tazón pequeño; dejar de lado. Disuelva la maicena en 2 cucharadas de agua fría; dejar de lado.

Coloca el wok a fuego medio-alto. Cuando comience a humear, agregue las 3 cucharadas restantes de aceite de maní, luego los champiñones, el pimiento rojo, los brotes de bambú y los brotes de soja. Sofreír durante 2 minutos.

Revuelva la salsa y agréguela al wok, y continúe salteando hasta que la mezcla comience a hervir, aproximadamente 30 segundos.

Mezcle la maicena disuelta y agréguela al wok. Continúe revolviendo hasta que la salsa espese, aproximadamente 1 minuto. Agregue los fideos y revuelva hasta que estén bien calientes, aproximadamente 2 minutos.

Transfiera a una fuente para servir y espolvoree con la cebolleta en rodajas. Servir inmediatamente

7. Cuajada de Frijoles con Salsa de Frijoles y Fideos

- 8 onzas de fideos frescos estilo Pekín
- 1 bloque de tofu firme de 12 onzas
- 3 tallos grandes de bok choy Y 2 cebollas verdes
- ⅓ taza de salsa de soja oscura
- 2 cucharadas de salsa de frijoles negros
- 2 cucharaditas de vino de arroz chino o jerez seco
- 2 cucharaditas de vinagre de arroz negro
- ¼ de cucharadita de sal
- ¼ de cucharadita de pasta de chile con ajo

- 1 cucharadita de aceite de chile picante (página 23)
- ¼ de cucharadita de aceite de sésamo
- ½ taza de agua
- 2 cucharadas de aceite para sofreír
- 2 rodajas de jengibre, picado
- 2 dientes de ajo picados
- ¼ de cebolla morada picada

Cuece los fideos en agua hirviendo hasta que estén tiernos. Escurrir bien. Escurre el tofu y córtalo en cubos. Sancoche el bok choy sumergiéndolo brevemente en agua hirviendo y escurriendo bien. Separe los tallos y las hojas. Corta las cebollas verdes en diagonal en rodajas de 1 pulgada y combina la salsa de soja oscura, la salsa de frijoles negros, el vino de arroz Konjac, el vinagre de arroz negro, la sal, la pasta de chile con ajo, el aceite de ají picante, el aceite de sésamo y el agua. Dejar de lado.

Agregue aceite a un wok o sartén precalentado. Cuando el aceite esté caliente, agregue el jengibre, el ajo y las cebolletas. Sofreír brevemente hasta que esté aromático. Agrega la cebolla morada y sofríe brevemente. Empuje hacia los lados y agregue los tallos de bok choy. Agrega las hojas y sofríe hasta que el bok choy tenga un color verde brillante y la cebolla esté tierna. Si lo desea, sazone con ¼ de cucharadita de sal.

Agrega la salsa en el medio del wok y deja que hierva. Agrega el tofu. Cocine a fuego lento durante unos minutos para permitir que el tofu absorba la salsa. Agrega los fideos. Mezclar todo y servir caliente.

8. Tofu Relleno De Camarones

- ½ libra de tofu firme
- 2 onzas de camarones cocidos, pelados y desvenados
- ⅛ cucharadita de sal
- Pimienta al gusto
- ¼ de cucharadita de maicena
- ½ taza de caldo de pollo
- ½ cucharadita de vino de arroz chino o jerez seco
- ¼ de taza de agua
- 2 cucharadas de salsa de ostras
- 2 cucharadas de aceite para sofreír
- 1 cebolla verde, cortada en trozos de 1 pulgada

  Escurre el tofu. Lave los camarones y séquelos con toallas de papel. Marina los camarones en la sal, la pimienta y la maicena durante 15 minutos.

Sosteniendo la cuchilla paralela a la tabla de cortar, corte el tofu por la mitad a lo largo. Corta cada mitad en 2 triángulos, luego corta cada triángulo en 2 triángulos más. Ahora debería tener 8 triángulos.

Corta una hendidura a lo largo de un lado del tofu. Introduzca ¼ – ½ cucharadita de camarones en la ranura.

Agregue aceite a un wok o sartén precalentado. Cuando el aceite esté caliente, agregue el tofu. Dore el tofu durante unos 3-4 minutos, dándole la vuelta al menos una vez y asegurándose de que no se pegue al fondo del wok. Si te sobraron camarones, agrégalos durante el último minuto de cocción.

Agregue el caldo de pollo, el vino de arroz Konjac, el agua y la salsa de ostras al medio del wok. Llevar a hervir. Baje el fuego, tape y cocine a fuego lento durante 5-6 minutos. Agrega la cebolla verde. Servir caliente.

9. Cuajada de frijoles con vegetales de Szechwan

- 7 onzas (2 bloques) de tofu prensado
- ¼ de taza de vegetales de Szechwan en conserva
- ½ taza de caldo de pollo o caldo
- 1 cucharadita de vino de arroz chino o jerez seco
- ½ cucharadita de salsa de soja
- 4-5 tazas de aceite para freír

Caliente al menos 4 tazas de aceite en un wok precalentado a 350 ° F. Mientras espera que el aceite se caliente, corte la cuajada de frijoles prensada en cubos de 1 pulgada. Pica la verdura de Szechwan en cubos. Combine el caldo de pollo y el vino de arroz y reserve.

Cuando el aceite esté caliente, agregue los cubos de tofu y fríalos hasta que se pongan de color marrón claro. Retirar del wok con una espumadera y reservar.

Retire todo menos 2 cucharadas de aceite del wok. Agregue la verdura de Szechwan en conserva. Sofría durante 1 a 2 minutos, luego empuje hacia el costado del wok. Agregue la mezcla de caldo de pollo en el medio del wok y deje hervir. Incorpora la salsa de soja. Agregue la cuajada de frijoles prensada. Mezcle todo, cocine a fuego lento durante unos minutos y sirva caliente.

10. Tofu Estofado con Tres Verduras

- 4 hongos secos
- ¼ taza de líquido de remojo de champiñones reservado
- ⅔ taza de champiñones frescos
- ½ taza de caldo de pollo
- 1½ cucharada de salsa de ostras
- 1 cucharadita de vino de arroz chino o jerez seco
- 2 cucharadas de aceite para sofreír
- 1 diente de ajo picado
- 1 taza de zanahorias pequeñas, cortadas por la mitad

- 2 cucharaditas de maicena mezclada con 4 cucharaditas de agua
- ¾ libra de tofu prensado, cortado en cubos de ½ pulgada

Remoje los champiñones secos en agua caliente durante al menos 20 minutos. Reserve ¼ de taza del líquido de remojo. Cortar los champiñones secos y frescos.

Combine el líquido de champiñones reservado, el caldo de pollo, la salsa de ostras y el vino de arroz Konjac. Dejar de lado.

Agregue aceite a un wok o sartén precalentado. Cuando el aceite esté caliente, agregue el ajo y saltee brevemente hasta que esté aromático. Agrega las zanahorias. Sofreír durante 1 minuto, luego agregar los champiñones y sofreír.

Agregue la salsa y deje hervir. Revuelva la mezcla de maicena y agua y agréguela a la salsa, revolviendo rápidamente para espesar.

Agrega los cubos de tofu. Mezcle todo, baje el fuego y cocine a fuego lento durante 5-6 minutos. Servir caliente.

11. Triángulos de tofu rellenos de cerdo

- ½ libra de tofu firme
- ¼ de libra de carne de cerdo molida
- ⅛ cucharadita de sal
- Pimienta al gusto
- ½ cucharadita de vino de arroz chino o jerez seco
- ½ taza de caldo de pollo
- ¼ de taza de agua

- 2 cucharadas de salsa de ostras
- 2 cucharadas de aceite para sofreír
- 1 cebolla verde, cortada en trozos de 1 pulgada

Escurre el tofu. Coloque la carne de cerdo molida en un tazón mediano. Agregue la sal, la pimienta y el vino de arroz Konjac. Marine la carne de cerdo durante 15 minutos.

Sosteniendo la cuchilla paralela a la tabla de cortar, corte el tofu por la mitad a lo largo. Corta cada mitad en 2 triángulos, luego corta cada triángulo en 2 triángulos más. Ahora debería tener 8 triángulos.

Corta una hendidura a lo largo de uno de los bordes de cada triángulo de tofu. Introduzca ¼ de cucharadita colmada de carne de cerdo molida en la ranura.

Agregue aceite a un wok o sartén precalentado. Cuando el aceite esté caliente, agregue el tofu. Si tiene sobras de carne de cerdo molida, agréguela también. Dore el tofu durante unos 3-4 minutos, dándole la vuelta al menos una vez y asegurándose de que no se pegue al fondo del wok.

Agregue el caldo de pollo, el agua y la salsa de ostras al medio del wok. Llevar a hervir. Baje el fuego, tape y cocine a fuego lento durante 5-6 minutos. Agrega la cebolla verde. Servir caliente.

12. Panqueques de arándanos con almíbar

Rinde de 4 a 6 porciones

1 taza de agua hirviendo
$1/2$ taza de arándanos secos azucarados
$11/2$ taza de sirope de arce
$11/4$ taza de jugo de naranja fresco
$11/4$ taza de naranja picada
1 cucharada de margarina vegana
$11/2$ tazas de harina para todo uso
1 cucharada de azúcar
1 cucharada de levadura en polvo

[1]1/2 cucharadita de sal
11/2 tazas de leche de soja
1/4 de taza de tofu suave y sedoso, escurrido
1 cucharada de aceite de canola o de semilla de uva, y más para freír

En un recipiente resistente al calor, vierte el agua hirviendo sobre los arándanos y déjalos a un lado para que se ablanden, unos 10 minutos. Escurrir bien y dejar reposar.

En una cacerola pequeña, combine el jarabe de arce, el jugo de naranja, la naranja y la margarina y caliente a fuego lento, revolviendo para derretir la margarina. Manténgase caliente. Precalienta el horno a 225 ° F.

En un tazón grande, combine la harina, el azúcar, el polvo de hornear y la sal y reserve.

En un procesador de alimentos o licuadora, combine la leche de soya, el tofu y el aceite hasta que estén bien mezclados.

Vierta los ingredientes húmedos en los ingredientes secos y mezcle con unos pocos movimientos rápidos. Incorpora los arándanos ablandados.

En una plancha o sartén grande, caliente una fina capa de aceite a fuego medio-alto. Sirva de 1/4 de taza a 1/3 de taza de la masa en la plancha caliente. Cocine hasta que aparezcan pequeñas burbujas en la parte superior, de 2 a 3 minutos. Voltee el panqueque y cocine hasta que el segundo lado esté dorado, aproximadamente 2 minutos más. Transfiera los panqueques cocidos a una fuente resistente al calor y manténgalos calientes en el horno mientras cocina el resto. Sirva con sirope de naranja y arce.

13. Tofu glaseado con soja

Rinde 4 porciones

- 1 libra de tofu extra firme, escurrido, cortado en rodajas de 1/2 pulgada y prensado
- ¹1/4 taza de aceite de sésamo tostado
- ¹1/4 taza de vinagre de arroz
- 2 cucharaditas de azúcar

Seque el tofu y colóquelo en una fuente para hornear de 9 x 13 pulgadas y reserve.

En una cacerola pequeña, combine la salsa de soja, el aceite, el vinagre y el azúcar y deje hervir. Vierta la marinada caliente sobre el tofu y deje marinar 30 minutos, volteando una vez.

Precalienta el horno a 350 ° F. Hornee el tofu durante 30 minutos, dándole la vuelta una vez aproximadamente a la mitad. Sirva inmediatamente o deje enfriar a temperatura ambiente, luego cubra y refrigere hasta que lo necesite.

14. Tofu estilo cajún

Rinde 4 porciones

- 1 libra de tofu extra firme, escurrido y seco
- Sal
- 1 cucharada más 1 cucharadita de condimento cajún
- 2 cucharadas de aceite de oliva
- $1/4$ taza de pimiento verde picado
- 1 cucharada de apio picado
- 2 cucharadas de cebolla verde picada

- 2 dientes de ajo picados
- 1 lata (14.5 onzas) de tomates cortados en cubitos, escurridos
- 1 cucharada de salsa de soja
- 1 cucharada de perejil fresco picado

Corta el tofu en rodajas de 1/2 pulgada de grosor y espolvorea ambos lados con sal y 1 cucharada de condimento cajún. Dejar de lado.

En una cacerola pequeña, caliente 1 cucharada de aceite a fuego medio. Agrega el pimiento y el apio. Tape y cocine por 5 minutos. Agregue la cebolla verde y el ajo y cocine, sin tapar, 1 minuto más. Agregue los tomates, la salsa de soja, el perejil, la cucharadita restante de la mezcla de especias cajún y sal al gusto. Cocine a fuego lento durante 10 minutos para mezclar los sabores y reservar.

En una sartén grande, caliente la cucharada de aceite restante a fuego medio-alto. Agregue el tofu y cocine hasta que se dore por ambos lados, aproximadamente 10 minutos. Agregue la salsa y cocine a fuego lento durante 5 minutos. Servir inmediatamente.

15. Tofu crujiente con salsa de alcaparras chisporroteantes

Rinde 4 porciones

- 1 libra de tofu extra firme, escurrido, cortado en rodajas de 1/4 de pulgada y prensado
- Sal y pimienta negra recién molida
- 2 cucharadas de aceite de oliva, y más si es necesario
- 1 chalota mediana, picada
- 2 cucharadas de alcaparras
- 3 cucharadas de perejil fresco picado
- 2 cucharadas de margarina vegana
- Jugo de 1 limón

Precalienta el horno a 275 ° F. Seque el tofu y sazone con sal y pimienta al gusto. Coloque la maicena en un tazón poco profundo. Drague el tofu en la maicena, cubriendo todos los lados.

En una sartén grande, caliente 2 cucharadas de aceite a fuego medio. Agregue el tofu, en tandas si es necesario, y cocine hasta que estén doradas por ambos lados, aproximadamente 4 minutos por cada lado. Transfiera el tofu frito a una fuente resistente al calor y manténgalo caliente en el horno.

En la misma sartén, caliente la 1 cucharada restante de aceite a fuego medio. Agregue la chalota y cocine hasta que se ablanden, aproximadamente 3 minutos. Agregue las alcaparras y el perejil y cocine por 30 segundos, luego agregue la margarina, el jugo de limón y sal y pimienta al gusto, revuelva para derretir e incorpore la margarina. Cubra el tofu con salsa de alcaparras y sirva inmediatamente.

16. Tofu frito con salsa dorada

Rinde 4 porciones

- 1 libra de tofu extra firme, escurrido, cortado en rodajas de 1⁄2 pulgada y prensado
- Sal y pimienta negra recién molida
- ^{1}1/2 taza de maicena
- 2 cucharadas de aceite de oliva
- 1 cebolla amarilla mediana, picada
- 2 cucharadas de harina para todo uso
- 1 cucharadita de tomillo seco
- ^{1}⁄8 cucharadita de cúrcuma
- 1 taza de caldo de verduras, hecho en casa (ver Caldo de verduras ligero) o comprado en la tienda
- 1 cucharada de salsa de soja

- 1 taza de garbanzos cocidos o enlatados, escurridos y enjuagados
- 2 cucharadas de perejil fresco picado, para decorar

Seque el tofu y sazone con sal y pimienta al gusto. Coloque la maicena en un tazón poco profundo. Drague el tofu en la maicena, cubriendo todos los lados. Precalienta el horno a 250 ° F.

En una sartén grande, caliente 2 cucharadas de aceite a fuego medio. Agregue el tofu, en tandas si es necesario, y cocine hasta que estén dorados por ambos lados, aproximadamente 10 minutos. Transfiera el tofu frito a una fuente resistente al calor y manténgalo caliente en el horno.

En la misma sartén, caliente la 1 cucharada restante de aceite a fuego medio. Agregue la cebolla, tape y cocine hasta que se ablanden, 5 minutos. Destape y reduzca el fuego a bajo. Agregue la harina, el tomillo y la cúrcuma y cocine por 1 minuto, revolviendo constantemente. Batir lentamente el caldo, luego la leche de soja y la salsa de soja. Agrega los garbanzos y sazona con sal y pimienta al gusto. Continúe cocinando, revolviendo con frecuencia, durante 2 minutos. Transfiera a una licuadora y procese hasta que quede suave y cremoso. Regrese a la cacerola y caliente hasta que esté caliente, agregando un poco más de caldo si la salsa está demasiado espesa. Vierta la salsa sobre el tofu y espolvoree con el perejil. Servir inmediatamente.

17. Tofu glaseado con naranja y espárragos

Rinde 4 porciones

- 2 cucharadas de mirin
- 1 cucharada de maicena
- 1 paquete (16 onzas) de tofu extra firme, escurrido y cortado en tiras de 1/4 de pulgada
- 2 cucharadas de salsa de soja
- 1 cucharadita de aceite de sésamo tostado
- 1 cucharadita de azucar
- 1/4 de cucharadita de pasta de chile asiático
- 2 cucharadas de aceite de canola o de semilla de uva
- 1 diente de ajo picado
- 1 1/2 cucharadita de jengibre fresco picado
- 5 onzas de espárragos finos, con los extremos duros recortados y cortados en trozos de 1 1/2 pulgadas

En un tazón poco profundo, combine el mirin y la maicena y mezcle bien. Agregue el tofu y revuelva suavemente para cubrir. Dejar marinar durante 30 minutos.

En un tazón pequeño, combine el jugo de naranja, la salsa de soja, el aceite de sésamo, el azúcar y la pasta de chile. Dejar de lado.

En una sartén grande o wok, caliente el aceite de canola a fuego medio. Agregue el ajo y el jengibre y saltee hasta que estén fragantes, aproximadamente 30 segundos. Agregue el tofu marinado y los espárragos y saltee hasta que el tofu esté dorado y los espárragos estén tiernos, aproximadamente 5 minutos. Agregue la salsa y cocine por unos 2 minutos más. Servir inmediatamente.

18. Pizzaiola de tofu

Rinde 4 porciones

- 2 cucharadas de aceite de oliva
- 1 paquete (16 onzas) de tofu extra firme, escurrido, cortado en rodajas de 1/2 pulgada y prensado (ver Caldo de verduras ligero)
- Sal
- 3 dientes de ajo picados
- 1 lata (14.5 onzas) de tomates cortados en cubitos, escurridos
- 1/4 de taza de tomates secados al sol envasados en aceite, cortados en tiras de 1/4 de pulgada
- 1 cucharada de alcaparras

- 1 cucharadita de orégano seco
- ¹1/2 cucharadita de azúcar
- Pimienta negra recién molida
- 2 cucharadas de perejil fresco picado, para decorar

Precalienta el horno a 275 ° F. En una sartén grande, caliente 1 cucharada de aceite a fuego medio. Agregue el tofu y cocine hasta que se doren por ambos lados, volteando una vez, aproximadamente 5 minutos por lado. Espolvorea el tofu con sal al gusto. Transfiera el tofu frito a una fuente resistente al calor y manténgalo caliente en el horno.

En la misma sartén, caliente la 1 cucharada de aceite restante a fuego medio. Agregue el ajo y cocine hasta que se ablanden, aproximadamente 1 minuto. No se dore. Agregue los tomates cortados en cubitos, los tomates secados al sol, las aceitunas y las alcaparras. Agrega el orégano, el azúcar y la sal y pimienta al gusto. Cocine a fuego lento hasta que la salsa esté caliente y los sabores estén bien combinados, aproximadamente 10 minutos. Cubra las rodajas de tofu frito con la salsa y espolvoree con el perejil. Servir inmediatamente.

19. Tofu "Ka-Pow"

Rinde 4 porciones

- 1 libra de tofu extra firme, escurrido, seco y cortado en cubos de 1 pulgada
- Sal
- 2 cucharadas de maicena
- 2 cucharadas de salsa de soja
- 1 cucharada de salsa de ostras vegetariana

- 2 cucharaditas de Nothin 'Fishy Nam Pla o 1 cucharadita de vinagre de arroz
- 1 cucharadita de azúcar morena clara
- $1/2$ cucharadita de pimiento rojo triturado
- 2 cucharadas de aceite de canola o de semilla de uva
- 1 cebolla amarilla mediana, cortada por la mitad y en rodajas de 1/2 pulgada
- pimiento rojo mediano, cortado en rodajas de 1/4 de pulgada
- cebollas verdes, picadas
- $11/2$ taza de hojas de albahaca tailandesa

En un tazón mediano, combine el tofu, la sal al gusto y la maicena. Mezcle para cubrir y reserve.

En un tazón pequeño, combine la salsa de soja, la salsa de ostras, el nam pla, el azúcar y el pimiento rojo triturado. Revuelva bien para combinar y reservar.

En una sartén grande, caliente 1 cucharada de aceite a fuego medio-alto. Agregue el tofu y cocine hasta que esté dorado, aproximadamente 8 minutos. Retirar de la sartén y reservar.

En la misma sartén, caliente la 1 cucharada de aceite restante a fuego medio. Agregue la cebolla y el pimiento y sofría hasta que se ablanden, aproximadamente 5 minutos. Agregue las cebollas verdes y cocine 1 minuto más. Agregue el tofu frito, la salsa y la albahaca y saltee hasta que esté caliente, aproximadamente 3 minutos. Servir inmediatamente.

20. Tofu estilo siciliano

Rinde 4 porciones

- 2 cucharadas de aceite de oliva
- 1 libra de tofu extra firme, escurrido, cortado en rodajas de 1/4 de pulgada y prensado Sal y pimienta negra recién molida
- 1 cebolla amarilla pequeña, picada
- 2 dientes de ajo picados
- 1 lata (28 onzas) de tomates cortados en cubitos, escurridos
- ^{1}1/4 taza de vino blanco seco
- 1/4 de cucharadita de pimiento rojo triturado
- 1/3 taza de aceitunas Kalamata sin hueso
- 11/2 cucharadas de alcaparras

- 2 cucharadas de albahaca fresca picada o 1 cucharadita seca (opcional)

Precalienta el horno a 250 ° F. En una sartén grande, caliente 1 cucharada de aceite a fuego medio. Agregue el tofu, en tandas si es necesario, y cocine hasta que estén doradas por ambos lados, 5 minutos por cada lado. Se sazona con sal y pimienta negro al gusto. Transfiera el tofu cocido a una fuente resistente al calor y manténgalo caliente en el horno mientras prepara la salsa.

En la misma sartén, caliente la 1 cucharada de aceite restante a fuego medio. Agregue la cebolla y el ajo, tape y cocine hasta que la cebolla se ablande, 10 minutos. Agregue los tomates, el vino y el pimiento rojo triturado. Deje hervir, luego reduzca el fuego a bajo y cocine a fuego lento, sin tapar, durante 15 minutos. Agrega las aceitunas y las alcaparras. Cocine por 2 minutos más.

Coloca el tofu en una fuente o platos individuales. Vierta la salsa encima. Espolvoree con albahaca fresca, si la usa. Servir inmediatamente.

21. Salteado Thai-Phoon

Rinde 4 porciones

- 1 libra de tofu extra firme, escurrido y drenado
- 2 cucharadas de aceite de canola o de semilla de uva
- chalotas medianas, cortadas a la mitad a lo largo y cortadas en rodajas de 1/8 de pulgada
- 2 dientes de ajo picados
- 2 cucharaditas de jengibre fresco rallado
- 3 onzas de tapas de champiñones blancos, ligeramente enjuagadas, secas con palmaditas y cortadas en rodajas de 1/2 pulgada
- 1 cucharada de mantequilla de maní cremosa
- 2 cucharaditas de azúcar morena clara

- 1 cucharadita de pasta de chile asiático
- 2 cucharadas de salsa de soja
- 1 cucharada de mirin
- 1 lata (13.5 onzas) de leche de coco sin azúcar
- 6 onzas de espinaca fresca picada
- 1 cucharada de aceite de sésamo tostado
- Arroz o fideos recién cocidos, para servir
- 2 cucharadas de cilantro o albahaca tailandesa fresca finamente picada
- 2 cucharadas de maní tostado sin sal triturado
- 2 cucharaditas de jengibre cristalizado picado (opcional)

Corta el tofu en dados de 1/2 pulgada y reserva. En una sartén grande, caliente 1 cucharada de aceite a fuego medio-alto. Agrega el tofu y sofríe hasta que esté dorado, aproximadamente 7 minutos. Retire el tofu de la sartén y déjelo a un lado.

En la misma sartén, caliente la 1 cucharada de aceite restante a fuego medio. Agregue las chalotas, el ajo, el jengibre y los champiñones y saltee hasta que se ablanden, aproximadamente 4 minutos.

Agregue la mantequilla de maní, el azúcar, la pasta de chile, la salsa de soja y el mirin. Agregue la leche de coco y mezcle hasta que esté bien mezclado. Agregue el tofu frito y las espinacas y cocine a fuego lento. Reduzca el fuego a medio-bajo y cocine a fuego lento, revolviendo ocasionalmente, hasta que las espinacas se ablanden y los sabores se mezclen bien, de 5 a 7 minutos. Agregue el aceite de sésamo y cocine a fuego lento durante un minuto más. Para servir, vierta la mezcla de tofu en su elección de arroz o fideos y cubra con coco, albahaca, maní y jengibre cristalizado, si lo usa. Servir inmediatamente.

22. Tofu Horneado Pintado Con Chipotle

Rinde 4 porciones

- 2 cucharadas de salsa de soja
- 2 chiles chipotle enlatados en adobo
- 1 cucharada de aceite de oliva
- 1 libra de tofu extra firme, escurrido, cortado en rodajas de 1/2 pulgada de grosor y prensado (ver Caldo de verduras ligero)

Precalienta el horno a 375 ° F. Engrase ligeramente un molde para hornear de 9 x 13 pulgadas y reserve.

En un procesador de alimentos, combine la salsa de soja, los chipotles y el aceite y procese hasta que se mezclen. Vierta la mezcla de chipotle en un tazón pequeño.

Cepille la mezcla de chipotle en ambos lados de las rodajas de tofu y colóquelas en una sola capa en la sartén preparada. Hornee hasta que esté caliente, unos 20 minutos. Servir inmediatamente.

23. Tofu a la parrilla con glaseado de tamarindo

Rinde 4 porciones

- 1 libra de tofu extra firme, escurrido y seco
- Sal y pimienta negra recién molida
- 2 cucharadas de aceite de oliva
- 2 chalotas medianas, picadas
- 2 dientes de ajo picados
- 2 tomates maduros, picados en trozos grandes
- 2 cucharadas de salsa de tomate
- 1/4 taza de agua
- 2 cucharadas de mostaza de Dijon
- 1 cucharada de azúcar morena
- 2 cucharadas de néctar de agave
- 2 cucharadas de concentrado de tamarindo
- 1 cucharada de melaza oscura
- 1/2 cucharadita de cayena molida

- 1 cucharada de pimentón ahumado
- 1 cucharada de salsa de soja

Corte el tofu en rodajas de 1 pulgada, sazone con sal y pimienta al gusto y reserve en una fuente para hornear poco profunda.

En una cacerola grande, calienta el aceite a fuego medio. Agrega las chalotas y el ajo y sofríe durante 2 minutos. Agrega todos los ingredientes restantes, excepto el tofu. Reduzca el fuego a bajo y cocine a fuego lento durante 15 minutos. Transfiera la mezcla a una licuadora o procesador de alimentos y mezcle hasta que quede suave. Regrese a la cacerola y cocine 15 minutos más, luego deje enfriar. Vierta la salsa sobre el tofu y refrigere por al menos 2 horas. Precaliente una parrilla o un asador.

Asa el tofu marinado, volteándolo una vez, para que se caliente y se dore bien por ambos lados. Mientras se asa el tofu, vuelva a calentar la marinada en una cacerola. Retire el tofu de la parrilla, unte cada lado con la salsa de tamarindo y sirva de inmediato.

24. Tofu Relleno De Berros

Rinde 4 porciones

- 1 libra de tofu extra firme, escurrido, cortado en rodajas de ¾ de pulgada y prensado (ver Caldo de verduras ligero)
- Sal y pimienta negra recién molida
- 1 manojo pequeño de berros, sin tallos duros y picados
- 2 tomates ciruela maduros, picados
- ½ taza de cebollas verdes picadas
- 2 cucharadas de perejil fresco picado
- 2 cucharadas de albahaca fresca picada
- 1 cucharadita de ajo picado
- 2 cucharadas de aceite de oliva
- 1 cucharada de vinagre balsámico
- Pizca de azúcar

- $1/2$ taza de harina para todo uso
- $1/2$ taza de agua
- 1½ tazas de pan rallado seco sin condimentar

Corte un bolsillo largo y profundo en el costado de cada rebanada de tofu y coloque el tofu en una bandeja para hornear. Sazone con sal y pimienta al gusto y reserve.

En un tazón grande, combine los berros, los tomates, las cebolletas, el perejil, la albahaca, el ajo, 2 cucharadas de aceite, el vinagre, el azúcar y la sal y pimienta al gusto. Mezcle hasta que esté bien combinado, luego introduzca con cuidado la mezcla en los bolsillos de tofu.

Coloque la harina en un tazón poco profundo. Vierta el agua en un recipiente poco profundo separado. Coloque el pan rallado en un plato grande. Dragar el tofu en la harina, luego sumergirlo con cuidado en el agua y luego dragarlo en el pan rallado, cubriéndolo bien.

En una sartén grande, caliente las 2 cucharadas de aceite restantes a fuego medio. Agregue el tofu relleno a la sartén y cocine hasta que esté dorado, volteándolo una vez, de 4 a 5 minutos por lado. Servir inmediatamente.

25. Tofu con Pistacho-Granada

Rinde 4 porciones

- 1 libra de tofu extra firme, escurrido, cortado en rodajas de 1/4 de pulgada y prensado (ver Caldo de verduras ligero)
- Sal y pimienta negra recién molida
- 2 cucharadas de aceite de oliva
- $^{1}1/2$ taza de jugo de granada
- 1 cucharada de vinagre balsámico
- 1 cucharada de azúcar morena clara
- 2 cebollas verdes, picadas

- ½ taza de pistachos sin sal sin cáscara, picados en trozos grandes
- Sazone el tofu con sal y pimienta al gusto.

En una sartén grande, calienta el aceite a fuego medio. Agregue las rodajas de tofu, en tandas si es necesario, y cocine hasta que estén ligeramente doradas, aproximadamente 4 minutos por lado. Retirar de la sartén y reservar.

En la misma sartén, agregue el jugo de granada, el vinagre, el azúcar y las cebolletas y cocine a fuego medio, durante 5 minutos. Agregue la mitad de los pistachos y cocine hasta que la salsa esté ligeramente espesa, aproximadamente 5 minutos.

Regrese el tofu frito a la sartén y cocine hasta que esté caliente, aproximadamente 5 minutos, colocando la salsa sobre el tofu mientras hierve a fuego lento. Sirve inmediatamente, espolvoreado con los pistachos restantes.

26. Tofu de la isla de las especias

Rinde 4 porciones

- ¹1/2 taza de maicena
- ½ cucharadita de tomillo fresco picado o 1/4 cucharadita seca
- ½ cucharadita de mejorana fresca picada o 1/4 cucharadita seca
- ¹1/2 cucharadita de sal
- ¼ de cucharadita de cayena molida
- ¼ de cucharadita de pimentón dulce o ahumado
- ¼ de cucharadita de azúcar morena clara
- ⅛ de cucharadita de pimienta gorda molida
- 1 libra de tofu extra firme, escurrido y cortado en tiras de 1/2 pulgada
- 2 cucharadas de aceite de canola o de semilla de uva
- 1 pimiento rojo mediano, cortado en tiras de 1/4 de pulgada
- 2 cebollas verdes picadas
- 1 diente de ajo picado

- 1 jalapeño, sin semillas y picado
- 2 tomates ciruela maduros, sin semillas y picados
- 1 taza de piña fresca o enlatada picada
- 2 cucharadas de salsa de soja
- $1/4$ taza de agua
- 2 cucharaditas de jugo de lima fresco
- 1 cucharada de perejil fresco picado, para decorar

En un tazón poco profundo, combine la maicena, el tomillo, la mejorana, la sal, la pimienta de cayena, el pimentón, el azúcar y la pimienta de Jamaica. Mezclar bien. Drague el tofu en la mezcla de especias, cubriendo todos los lados. Precalienta el horno a 250 ° F.

En una sartén grande, caliente 2 cucharadas de aceite a fuego medio. Agregue el tofu dragado, en tandas si es necesario y cocine hasta que esté dorado, aproximadamente 4 minutos por lado. Transfiera el tofu frito a una fuente resistente al calor y manténgalo caliente en el horno.

En la misma sartén, caliente la 1 cucharada de aceite restante a fuego medio. Agrega el pimiento morrón, las cebolletas, el ajo y el jalapeño. Tape y cocine, revolviendo ocasionalmente, hasta que estén tiernos, aproximadamente 10 minutos. Agregue los tomates, la piña, la salsa de soja, el agua y el jugo de lima y cocine a fuego lento hasta que la mezcla esté caliente y los sabores se hayan combinado, aproximadamente 5 minutos. Vierta la mezcla de verduras sobre el tofu frito. Espolvoree con perejil picado y sirva inmediatamente.

27. Tofu de jengibre con salsa de cítricos y hoisin

Rinde 4 porciones

- 1 libra de tofu extra firme, escurrido, seco y cortado en cubos de 1/2 pulgada
- 2 cucharadas de salsa de soja
- 2 cucharadas más 1 cucharadita de maicena
- 1 cucharada más 1 cucharadita de aceite de canola o de semilla de uva
- 1 cucharadita de aceite de sésamo tostado
- 2 cucharaditas de jengibre fresco rallado
- cebollas verdes, picadas
- 1/3 taza de salsa hoisin
- 1/2 taza de caldo de verduras, hecho en casa (verCaldo de verduras ligero) o comprado en la tienda
- 1 1/4 taza de jugo de naranja fresco
- 11/2 cucharadas de jugo de limón fresco

- 11/2 cucharadas de jugo de limón fresco
- Sal y pimienta negra recién molida

Coloque el tofu en un tazón poco profundo. Agregue la salsa de soja y revuelva para cubrir, luego espolvoree con 2 cucharadas de maicena y revuelva para cubrir.

En una sartén grande, caliente 1 cucharada de aceite de canola a fuego medio. Agregue el tofu y cocine hasta que esté dorado, volteándolo de vez en cuando, unos 10 minutos. Retire el tofu de la sartén y reserve.

En la misma sartén, caliente la 1 cucharadita de aceite de canola restante y el aceite de sésamo a fuego medio. Agregue el jengibre y las cebollas verdes y cocine hasta que estén fragantes, aproximadamente 1 minuto. Agregue la salsa hoisin, el caldo y el jugo de naranja y cocine a fuego lento. Cocine hasta que el líquido se reduzca ligeramente y los sabores tengan la oportunidad de mezclarse, aproximadamente 3 minutos. En un tazón pequeño, combine la 1 cucharadita de maicena restante con el jugo de lima y el jugo de limón y agregue a la salsa, revolviendo para espesar un poco. Sazone con sal y pimienta al gusto.

Regrese el tofu frito a la sartén y cocine hasta que esté cubierto con la salsa y caliente. Servir inmediatamente.

28. Tofu con limoncillo y guisantes de nieve

Rinde 4 porciones

- 2 cucharadas de aceite de canola o de semilla de uva
- 1 cebolla morada mediana, cortada por la mitad y en rodajas finas
- 2 dientes de ajo picados
- 1 cucharadita de jengibre fresco rallado
- 1 libra de tofu extra firme, escurrido y cortado en cubos de 1/2 pulgada
- 2 cucharadas de salsa de soja
- 1 cucharada de mirin o sake

- 1 cucharadita de azucar
- ½ cucharadita de pimiento rojo triturado
- 4 onzas de guisantes, recortados
- 1 cucharada de limoncillo picado o ralladura de 1 limón
- 2 cucharadas de maní tostado sin sal molidos en trozos grandes, para decorar

En una sartén grande o wok, caliente el aceite a fuego medio-alto. Agrega la cebolla, el ajo y el jengibre y sofríe durante 2 minutos. Agregue el tofu y cocine hasta que esté dorado, aproximadamente 7 minutos.

Agregue la salsa de soja, el mirin, el azúcar y el pimiento rojo triturado. Agregue los guisantes y la hierba de limón y saltee hasta que los guisantes estén tiernos y crujientes y los sabores estén bien mezclados, aproximadamente 3 minutos. Adorne con maní y sirva inmediatamente.

29. Tofu Doble Ajonjolí con Salsa Tahini

Rinde 4 porciones

- ¹/2 taza de tahini (pasta de sésamo)
- 2 cucharadas de jugo de limón fresco
- 2 cucharadas de salsa de soja
- 2 cucharadas de agua
- ¹1/4 taza de semillas de sésamo blanco
- ¹1/4 taza de semillas de sésamo negro
- ¹1/2 taza de maicena
- 1 libra de tofu extra firme, escurrido, seco y cortado en tiras de 1/2 pulgada
- Sal y pimienta negra recién molida
- 2 cucharadas de aceite de canola o de semilla de uva

En un tazón pequeño, combine el tahini, el jugo de limón, la salsa de soja y el agua, revolviendo para mezclar bien. Dejar de lado.

En un tazón poco profundo, combine las semillas de sésamo blanco y negro y la maicena, revolviendo para mezclar. Sazone el tofu con sal y pimienta al gusto. Dejar de lado.

En una sartén grande, calienta el aceite a fuego medio. Drene el tofu en la mezcla de semillas de sésamo hasta que esté bien cubierto, luego agréguelo a la sartén caliente y cocine hasta que esté dorado y crujiente, volteándolo según sea necesario, de 3 a 4 minutos por lado. Tenga cuidado de no quemar las semillas. Rocíe con salsa tahini y sirva inmediatamente.

30. Estofado de tofu y edamame

Rinde 4 porciones

- 2 cucharadas de aceite de oliva
- 1 cebolla amarilla mediana, picada
- $1/2$ taza de apio picado
- 2 dientes de ajo picados
- 2 papas Yukon Gold medianas, peladas y cortadas en dados de 1/2 pulgada
- 1 taza de edamame fresco o congelado sin cáscara
- 2 tazas de calabacín pelado y cortado en cubitos
- $1/2$ taza de guisantes pequeños congelados
- 1 cucharadita de ajedrea seca
- $1/2$ cucharadita de salvia seca desmenuzada
- $1/8$ de cucharadita de cayena molida
- 11/2 tazas de caldo de verduras, casero (verCaldo de verduras ligero) o sal comprada en la tienda y pimienta negra recién molida

- 1 libra de tofu extra firme, escurrido, seco y cortado en cubos de 1/2 pulgada
- 2 cucharadas de perejil fresco picado

En una cacerola grande, caliente 1 cucharada de aceite a fuego medio. Agrega la cebolla, el apio y el ajo. Tape y cocine hasta que se ablanden, aproximadamente 10 minutos. Agregue las papas, el edamame, el calabacín, los guisantes, la ajedrea, la salvia y la pimienta de cayena. Agrega el caldo y deja hervir. Reduzca el fuego a bajo y sazone con sal y pimienta al gusto. Tape y cocine a fuego lento hasta que las verduras estén tiernas y los sabores se mezclen, aproximadamente 40 minutos.

En una sartén grande, caliente la cucharada de aceite restante a fuego medio-alto. Agregue el tofu y cocine hasta que esté dorado, aproximadamente 7 minutos. Sazone con sal y pimienta al gusto y reserve. Aproximadamente 10 minutos antes de que el guiso termine de cocinarse, agregue el tofu frito y el perejil. Pruebe, ajustando los condimentos si es necesario y sirva inmediatamente.

31. Soñar con bronceado de soja Chuletas

Rinde 6 porciones

- 10 onzas de tofu firme, escurrido y desmenuzado
- 2 cucharadas de salsa de soja
- ¼ de cucharadita de pimentón dulce
- ¼ de cucharadita de cebolla en polvo
- ¹1/4 de cucharadita de ajo en polvo
- ¼ de cucharadita de pimienta negra recién molida
- 1 taza de harina de gluten de trigo (gluten de trigo vital)
- 2 cucharadas de aceite de oliva

En un procesador de alimentos, combine el tofu, la salsa de soja, el pimentón, la cebolla en polvo, el ajo en polvo, la pimienta y la harina. Procese hasta que esté bien mezclado. Transfiera la mezcla a una superficie de trabajo plana y forme un cilindro. Divida la mezcla en 6 piezas iguales y aplánelas en chuletas muy finas, de no más de 1/4 de pulgada de grosor. (Para hacer esto, coloque cada chuleta entre dos pedazos de papel encerado, film transparente o papel pergamino y enrolle con un rodillo).

En una sartén grande, calienta el aceite a fuego medio. Agregue las chuletas, en tandas si es necesario, cubra y cocine hasta que estén bien doradas por ambos lados, de 5 a 6 minutos por lado. Las chuletas ahora están listas para usar en recetas o servir de inmediato, cubiertas con una salsa.

32. Mi tipo de pastel de carne

Rinde de 4 a 6 porciones

- 2 cucharadas de aceite de oliva
- ²/3 taza de cebolla picada
- 2 dientes de ajo picados
- 1 libra de tofu extra firme, escurrido y seco
- 2 cucharadas de salsa de tomate

- 2 cucharadas de tahini (pasta de sésamo) o mantequilla de maní cremosa
- 2 cucharadas de salsa de soja
- $1/2$ taza de nueces molidas
- 1 taza de avena a la antigua
- 1 taza de harina de gluten de trigo (gluten de trigo vital)
- 2 cucharadas de perejil fresco picado
- $1/2$ cucharadita de sal
- $1/2$ cucharadita de pimentón dulce
- $1/4$ de cucharadita de pimienta negra recién molida

Precalienta el horno a 375 ° F. Engrase ligeramente un molde para pan de 9 pulgadas y reserve. En una sartén grande, caliente 1 cucharada de aceite a fuego medio. Agregue la cebolla y el ajo, tape y cocine hasta que se ablanden, 5 minutos.

En un procesador de alimentos, combine el tofu, la salsa de tomate, el tahini y la salsa de soja y procese hasta que quede suave. Agregue la mezcla de cebolla reservada y todos los ingredientes restantes. Pulsar hasta que esté bien combinado, pero con algo de textura restante.

Vierta la mezcla en la sartén preparada. Presione la mezcla firmemente en la sartén, alisando la parte superior. Hornee hasta que esté firme y dorado, aproximadamente 1 hora. Deje reposar durante 10 minutos antes de cortar.

33. Tostada francesa muy vainilla

Rinde 4 porciones

1 paquete (12 onzas) de tofu sedoso firme, escurrido
11⁄2 tazas de leche de soja
2 cucharadas de maicena
1 cucharada de aceite de canola o semilla de uva
2 cucharaditas de azúcar
11⁄2 cucharaditas de extracto puro de vainilla
¹1/4 cucharadita de sal
4 rebanadas de pan italiano del día anterior
Aceite de canola o de semilla de uva, para freír

Precalienta el horno a 225 ° F. En una licuadora o procesador de alimentos, combine el tofu, la leche de soya, la maicena, el aceite, el azúcar, la vainilla y la sal y mezcle hasta que quede suave.

Vierta la masa en un tazón poco profundo y sumerja el pan en la masa, girando para cubrir ambos lados.

En una plancha o sartén grande, caliente una fina capa de aceite a fuego medio. Coloque las tostadas francesas en la plancha caliente y cocine hasta que estén doradas por ambos lados, volteándolas una vez, de 3 a 4 minutos por cada lado.

Transfiera las tostadas francesas cocidas a una fuente resistente al calor y manténgalas calientes en el horno mientras cocina el resto.

34. Crema para untar de sésamo y soja

Rinde aproximadamente 1 taza

$^1\!/2$ taza de tofu suave, escurrido y seco
2 cucharadas de tahini (pasta de sésamo)
2 cucharadas de levadura nutricional
1 cucharada de jugo de limón fresco
2 cucharaditas de aceite de linaza
1 cucharadita de aceite de sésamo tostado
$^1\!1/2$ cucharadita de sal

En una licuadora o procesador de alimentos, combine todos los ingredientes y mezcle hasta que quede suave. Raspe la mezcla en un tazón pequeño, cubra y refrigere durante varias horas para profundizar el sabor. Si se almacena correctamente, se conservará hasta por 3 días.

35. Radiatore con salsa Aurora

Rinde 4 porciones

- 1 cucharada de aceite de oliva
- 3 dientes de ajo picados
- 3 cebollas verdes, picadas
- (28 onzas) de tomates triturados
- 1 cucharadita de albahaca seca
- ^{1}1/2 cucharadita de mejorana seca
- 1 cucharadita de sal

- ¼ de cucharadita de pimienta negra recién molida
- ⅓ taza de queso crema vegano o tofu suave escurrido
- 1 libra de radiatore u otra pasta pequeña con forma
- 2 cucharadas de perejil fresco picado, para decorar

En una cacerola grande, calienta el aceite a fuego medio. Agregue el ajo y las cebolletas y cocine hasta que estén fragantes, 1 minuto. Agregue los tomates, la albahaca, la mejorana, la sal y la pimienta. Lleve la salsa a ebullición, luego reduzca el fuego a bajo y cocine a fuego lento durante 15 minutos, revolviendo ocasionalmente.

En un procesador de alimentos, licúa el queso crema hasta que quede suave. Agregue 2 tazas de salsa de tomate y mezcle hasta que quede suave. Vuelva a colocar la mezcla de tofu y tomate en la cacerola con la salsa de tomate, revolviendo para mezclar. Pruebe, ajustando los condimentos si es necesario. Mantener caliente a fuego lento.

En una olla grande con agua hirviendo con sal, cocine la pasta a fuego medio-alto, revolviendo ocasionalmente, hasta que esté al dente, aproximadamente 10 minutos. Escurrir bien y transferir a un tazón grande para servir. Agregue la salsa y revuelva suavemente para combinar. Espolvoree con perejil y sirva inmediatamente.

36. Lasaña Clásica De Tofu

Rinde 6 porciones

- 12 onzas de fideos para lasaña
- 1 libra de tofu firme, escurrido y desmenuzado
- 1 libra de tofu suave, escurrido y desmenuzado
- 2 cucharadas de levadura nutricional
- 1 cucharadita de jugo de limón fresco
- 1 cucharadita de sal
- ¼ de cucharadita de pimienta negra recién molida

- 3 cucharadas de perejil fresco picado
- ½ taza de parmesano vegano oParmasio
- 4 tazas de salsa marinara, casera (ver Salsa marinara) o comprado en la tienda

En una olla con agua hirviendo con sal, cocine los fideos a fuego medio-alto, revolviendo ocasionalmente hasta que estén al dente, aproximadamente 7 minutos. Precalienta el horno a 350 ° F. En un tazón grande, combine el tofus firme y suave. Agregue la levadura nutricional, el jugo de limón, la sal, la pimienta, el perejil y 1/4 de taza de parmesano. Mezclar hasta que esté bien combinado.

Coloque una capa de salsa de tomate en el fondo de una fuente para hornear de 9 x 13 pulgadas. Cubra con una capa de los fideos cocidos. Extienda la mitad de la mezcla de tofu uniformemente sobre los fideos. Repita con otra capa de fideos seguida de una capa de salsa. Unte la mezcla de tofu restante sobre la salsa y termine con una capa final de fideos y salsa. Espolvoree con el 1/4 de taza de queso parmesano restante. Si queda algo de salsa, guárdalo y sírvelo caliente en un bol junto a la lasaña.

Cubra con papel aluminio y hornee por 45 minutos. Retire la tapa y hornee 10 minutos más. Deje reposar durante 10 minutos antes de servir.

37. Lasaña de Acelgas y Espinacas

Rinde 6 porciones

- 12 onzas de fideos para lasaña
- 1 cucharada de aceite de oliva
- 2 dientes de ajo picados
- 8 onzas de acelgas rojas frescas, sin tallos duros y picadas en trozos grandes
- 9 onzas de espinacas tiernas frescas, picadas en trozos grandes
- 1 libra de tofu firme, escurrido y desmenuzado
- 1 libra de tofu suave, escurrido y desmenuzado
- 2 cucharadas de levadura nutricional
- 1 cucharadita de jugo de limón fresco
- 2 cucharadas de perejil de hoja plana fresco picado
- 1 cucharadita de sal

- ¼ de cucharadita de pimienta negra recién molida
- 31/2 tazas de salsa marinara, casera o comprada en la tienda

En una olla con agua hirviendo con sal, cocine los fideos a fuego medio-alto, revolviendo ocasionalmente hasta que estén al dente, aproximadamente 7 minutos. Precalienta el horno a 350 ° F.

En una cacerola grande, calienta el aceite a fuego medio. Agregue el ajo y cocine hasta que esté fragante. Agregue las acelgas y cocine, revolviendo hasta que se ablanden, aproximadamente 5 minutos. Agregue las espinacas y continúe cocinando, revolviendo hasta que se ablanden, unos 5 minutos más. Cubra y cocine hasta que esté suave, aproximadamente 3 minutos. Destapar y dejar enfriar. Cuando esté lo suficientemente frío para manipular, drene cualquier resto de humedad de las verduras, presionando contra ellas con una cuchara grande para exprimir el exceso de líquido. Coloque las verduras en un tazón grande. Agregue el tofu, la levadura nutricional, el jugo de limón, el perejil, la sal y la pimienta. Mezclar hasta que esté bien combinado.

Coloque una capa de salsa de tomate en el fondo de una fuente para hornear de 9 x 13 pulgadas. Cubra con una capa de fideos. Extienda la mitad de la mezcla de tofu uniformemente sobre los fideos. Repita con otra capa de fideos y una capa de salsa. Extienda la mezcla de tofu restante sobre la salsa y termine con una capa final de fideos, salsa y cubra con el parmesano.

Cubra con papel aluminio y hornee por 45 minutos. Retire la tapa y hornee 10 minutos más. Deje reposar durante 10 minutos antes de servir.

38. Lasaña de vegetales asados

Rinde 6 porciones

- 1 calabacín mediano, cortado en rodajas de 1/4 de pulgada
- 1 berenjena mediana, cortada en rodajas de 1/4 de pulgada
- 1 pimiento rojo mediano, cortado en cubitos
- 2 cucharadas de aceite de oliva
- Sal y pimienta negra recién molida
- 8 onzas de fideos para lasaña

- 1 libra de tofu firme, escurrido, seco y desmenuzado
- 1 libra de tofu suave, escurrido, seco y desmenuzado
- 2 cucharadas de levadura nutricional
- 2 cucharadas de perejil de hoja plana fresco picado
- 31/2 tazas de salsa marinara, casera (verSalsa marinara) o comprado en la tienda

Precalienta el horno a 425 ° F. Extienda el calabacín, la berenjena y el pimiento en un molde para hornear de 9 x 13 pulgadas ligeramente aceitado. Rocíe con el aceite y sazone con sal y pimienta negra al gusto. Ase las verduras hasta que estén blandas y ligeramente doradas, unos 20 minutos. Retirar del horno y dejar enfriar. Baja la temperatura del horno a 350 ° F.

En una olla con agua hirviendo con sal, cocine los fideos a fuego medio-alto, revolviendo ocasionalmente hasta que estén al dente, aproximadamente 7 minutos. Escurrir y reservar. En un tazón grande, combine el tofu con la levadura nutricional, el perejil y la sal y pimienta al gusto. Mezclar bien.

Para armar, extienda una capa de salsa de tomate en el fondo de una fuente para hornear de 9 x 13 pulgadas. Cubra la salsa con una capa de fideos. Cubra los fideos con la mitad de las verduras asadas y luego esparza la mitad de la mezcla de tofu sobre las verduras. Repita con otra capa de fideos y cubra con más salsa. Repita el proceso de capas con las verduras restantes y la mezcla de tofu, terminando con una capa de fideos y salsa. Espolvoree parmesano encima.

Tape y hornee por 45 minutos. Retire la tapa y hornee otros 10 minutos. Retirar del horno y dejar reposar durante 10 minutos antes de cortar.

39. Lasaña con Radicchio y Champiñones

Rinde 6 porciones

- 1 cucharada de aceite de oliva
- 2 dientes de ajo picados
- 1 achicoria pequeña, rallada
- 8 onzas de champiñones cremini, ligeramente enjuagados, secados con palmaditas y en rodajas finas
- Sal y pimienta negra recién molida
- 8 onzas de fideos para lasaña
- 1 libra de tofu firme, escurrido, seco y desmenuzado
- 1 libra de tofu suave, escurrido, seco y desmenuzado
- 3 cucharadas de levadura nutricional

- 2 cucharadas de perejil fresco picado
- 3 tazas de salsa marinara, casera (ver Salsa marinara) o comprado en la tienda

En una sartén grande, calienta el aceite a fuego medio. Agregue el ajo, la achicoria y los champiñones. Tape y cocine, revolviendo ocasionalmente, hasta que estén tiernos, aproximadamente 10 minutos. Sazone con sal y pimienta al gusto y reserve.

En una olla con agua hirviendo con sal, cocine los fideos a fuego medio-alto, revolviendo ocasionalmente hasta que estén al dente, aproximadamente 7 minutos. Escurrir y reservar. Precaliente el horno a 350 ° F.

En un tazón grande, combine el tofu firme y suave. Agregue la levadura nutricional y el perejil y mezcle hasta que estén bien combinados. Mezcle la mezcla de achicoria y champiñones y sazone con sal y pimienta al gusto.

Coloque una capa de salsa de tomate en el fondo de una fuente para hornear de 9 x 13 pulgadas. Cubra con una capa de fideos. Extienda la mitad de la mezcla de tofu uniformemente sobre los fideos. Repita con otra capa de fideos seguida de una capa de salsa. Extienda el resto de la mezcla de tofu encima y termine con una capa final de fideos y salsa. Espolvorea la parte superior con nueces molidas.

Cubra con papel aluminio y hornee por 45 minutos. Retire la tapa y hornee 10 minutos más. Deje reposar durante 10 minutos antes de servir.

40. Lasaña Primavera

Rinde de 6 a 8 porciones

- 8 onzas de fideos para lasaña
- 2 cucharadas de aceite de oliva
- 1 cebolla amarilla pequeña, picada
- 3 dientes de ajo picados
- 6 onzas de tofu sedoso, escurrido
- 3 tazas de leche de soya natural sin azúcar
- 3 cucharadas de levadura nutricional
- ⅛ de cucharadita de nuez moscada molida
- Sal y pimienta negra recién molida
- 2 tazas de floretes de brócoli picados
- 2 zanahorias medianas, picadas

- 1 calabacín pequeño, cortado a la mitad o en cuartos a lo largo y cortado en rodajas de 1/4 de pulgada
- 1 pimiento rojo mediano, picado
- 2 libras de tofu firme, escurrido y seco
- 2 cucharadas de perejil de hoja plana fresco picado
- 1/2 taza de parmesano vegano oParmasio
- 1 1/2 taza de almendras molidas o piñones

Precalienta el horno a 350 ° F. En una olla con agua hirviendo con sal, cocine los fideos a fuego medio-alto, revolviendo ocasionalmente hasta que estén al dente, aproximadamente 7 minutos. Escurrir y reservar.

En una sartén pequeña, calienta el aceite a fuego medio. Agregue la cebolla y el ajo, cubra y cocine hasta que estén suaves, aproximadamente 5 minutos. Transfiera la mezcla de cebolla a una licuadora. Agregue el tofu sedoso, la leche de soja, la levadura nutricional, la nuez moscada y sal y pimienta al gusto. Licue hasta que quede suave y reserve.

Cocine al vapor el brócoli, las zanahorias, el calabacín y el pimiento hasta que estén tiernos. Retírelo del calor. Desmenuza el tofu firme en un tazón grande. Agrega el perejil y 1/4 de taza de parmesano y sazona con sal y pimienta al gusto. Mezclar hasta que esté bien combinado. Agregue las verduras al vapor y mezcle bien, agregando más sal y pimienta, si es necesario.

Coloque una capa de salsa blanca en el fondo de una fuente para hornear de 9 x 13 pulgadas, ligeramente engrasada. Cubra con una capa de fideos. Extienda la mitad de la mezcla de tofu y verduras de manera uniforme sobre los fideos. Repita con otra capa de fideos, seguida de una capa de salsa. Extienda la mezcla de tofu restante encima y termine con una capa final de fideos y salsa, terminando con el 1/4 de taza de queso parmesano restante.Cubra con papel aluminio y hornee por 45 minutos.

41. Lasaña de Frijoles Negros y Calabaza

Rinde de 6 a 8 porciones

- 12 fideos de lasaña
- 1 cucharada de aceite de oliva
- 1 cebolla amarilla mediana, picada
- 1 pimiento rojo mediano, picado
- 2 dientes de ajo picados
- 11⁄2 tazas cocidas o 1 lata (15.5 onzas) de frijoles negros, escurridos y enjuagados
- (14.5 onzas) de tomates triturados
- 2 cucharaditas de chile en polvo
- Sal y pimienta negra recién molida
- 1 libra de tofu firme, bien escurrido
- 3 cucharadas de perejil o cilantro fresco picado
- 1 lata (16 onzas) de puré de calabaza
- 3 tazas de salsa de tomate, casera (ver salsa de tomate fresca) o comprado en la tienda

En una olla con agua hirviendo con sal, cocine los fideos a fuego medio-alto, revolviendo ocasionalmente hasta que estén al dente, aproximadamente 7 minutos. Escurrir y reservar. Precalienta el horno a 375 ° F.

En una sartén grande, calienta el aceite a fuego medio. Agregue la cebolla, tape y cocine hasta que se ablande. Agregue el pimiento y el ajo y cocine hasta que se ablanden, 5 minutos más. Agregue los frijoles, los tomates, 1 cucharadita de chile en polvo y sal y pimienta negra al gusto. Mezcle bien y deje reposar.

En un tazón grande, combine el tofu, el perejil, la cucharadita de chile en polvo restante y la sal y pimienta negra al gusto. Dejar de lado. En un tazón mediano, combine la calabaza con la salsa y revuelva para mezclar bien. Sazone con sal y pimienta al gusto.

Extienda aproximadamente ¾ de taza de la mezcla de calabaza en el fondo de una fuente para hornear de 9 x 13 pulgadas. Cubra con 4 de los fideos. Cubra con la mitad de la mezcla de frijoles, seguida de la mitad de la mezcla de tofu. Cubra con cuatro de los fideos, seguido de una capa de la mezcla de calabaza, luego la mezcla de frijoles restante, cubierta con los fideos restantes. Extienda la mezcla de tofu restante sobre los fideos, seguida de la mezcla de calabaza restante, extendiéndola por los bordes de la sartén.

Cubra con papel aluminio y hornee hasta que esté caliente y burbujeante, aproximadamente 50 minutos. Destapar, espolvorear con semillas de calabaza y dejar reposar 10 minutos antes de servir.

42. Manicotti relleno de acelgas

Rinde 4 porciones

- 12 manicotti
- 3 cucharadas de aceite de oliva
- 1 cebolla pequeña picada
- 1 manojo mediano de acelgas, tallos duros cortados y picados
- 1 libra de tofu firme, escurrido y desmenuzado
- Sal y pimienta negra recién molida
- 1 taza de anacardos crudos

- 3 tazas de leche de soya natural sin azúcar
- ⅛ de cucharadita de nuez moscada molida
- ⅛ de cucharadita de cayena molida
- 1 taza de pan rallado seco sin condimentar

Precalienta el horno a 350 ° F. Engrase ligeramente una fuente para hornear de 9 x 13 pulgadas y reserve.

En una olla con agua hirviendo con sal, cocine los manicotti a fuego medio-alto, revolviendo ocasionalmente, hasta que estén al dente, unos 8 minutos. Escurrir bien y dejar correr agua fría. Dejar de lado.

En una sartén grande, caliente 1 cucharada de aceite a fuego medio. Agregue la cebolla, cubra y cocine hasta que se ablande aproximadamente 5 minutos. Agregue las acelgas, tape y cocine hasta que las acelgas estén tiernas, revolviendo ocasionalmente, aproximadamente 10 minutos. Retirar del fuego y agregar el tofu, revolviendo para mezclar bien. Sazone bien con sal y pimienta al gusto y reserve.

En una licuadora o procesador de alimentos, muele los anacardos hasta convertirlos en polvo. Agrega 1½ tazas de leche de soja, nuez moscada, cayena y sal al gusto. Mezclar hasta que esté suave. Agregue las 1½ tazas restantes de leche de soya y mezcle hasta que quede cremoso. Pruebe, ajustando los condimentos si es necesario.

Extienda una capa de salsa en el fondo de la fuente para hornear preparada. Empaque aproximadamente 1/3 de taza del relleno de acelgas en el manicotti. Coloca los manicotti rellenos en una sola capa en la fuente para hornear. Vierta el resto de la salsa sobre el manicotti. En un tazón pequeño, combine el pan rallado y las 2 cucharadas de aceite restantes y espolvoree sobre el manicotti. Cubra con papel aluminio y hornee hasta que esté caliente y burbujeante, aproximadamente 30 minutos. Servir inmediatamente.

43. Manicotti de espinacas

Rinde 4 porciones

- 12 manicotti
- 1 cucharada de aceite de oliva
- 2 chalotas medianas picadas
- 2 paquetes (10 onzas) de espinacas picadas congeladas, descongeladas
- 1 libra de tofu extra firme, escurrido y desmenuzado
- $1/4$ de cucharadita de nuez moscada molida
- Sal y pimienta negra recién molida
- 1 taza de nueces tostadas
- 1 taza de tofu suave, escurrido y desmenuzado
- $1/4$ taza de levadura nutricional
- 2 tazas de leche de soya natural sin azúcar

- 1 taza de pan rallado seco

Precalienta el horno a 350 ° F. Engrase ligeramente una fuente para hornear de 9 x 13 pulgadas. En una olla con agua hirviendo con sal, cocine los manicotti a fuego medio-alto, revolviendo ocasionalmente, hasta que estén al dente, unos 10 minutos. Escurrir bien y dejar correr agua fría. Dejar de lado.

En una sartén grande, calienta el aceite a fuego medio. Agregue las chalotas y cocine hasta que se ablanden, aproximadamente 5 minutos. Exprime las espinacas para eliminar la mayor cantidad de líquido posible y agrégalas a las chalotas. Sazone con nuez moscada y sal y pimienta al gusto, y cocine 5 minutos, revolviendo para mezclar los sabores. Agregue el tofu extra firme y revuelva para mezclar bien. Dejar de lado.

En un procesador de alimentos, procesa las nueces hasta que estén finamente molidas. Agregue el tofu suave, la levadura nutricional, la leche de soja y sal y pimienta al gusto. Procese hasta que quede suave.

Extienda una capa de salsa de nueces en el fondo de la fuente para hornear preparada. Rellena los manicotti con el relleno. Coloca los manicotti rellenos en una sola capa en la fuente para hornear. Coloque la salsa restante encima. Cubra con papel aluminio y hornee hasta que esté caliente, aproximadamente 30 minutos. Destape, espolvoree con pan rallado y hornee 10 minutos más para dorar ligeramente la parte superior. Servir inmediatamente.

44. Molinillos de lasaña

Rinde 4 porciones

- 12 fideos de lasaña
- 4 tazas de espinacas frescas ligeramente empaquetadas
- 1 taza de frijoles blancos cocidos o enlatados, escurridos y enjuagados
- 1 libra de tofu firme, escurrido y seco
- ^{1}1/2 cucharadita de sal
- ¼ de cucharadita de pimienta negra recién molida
- ⅛ de cucharadita de nuez moscada molida
- 3 tazas de salsa marinara, casera (ver Salsa marinara) o comprado en la tienda

Precalienta el horno a 350 ° F. En una olla con agua
hirviendo con sal, cocine los fideos a fuego medio-alto,
revolviendo ocasionalmente, hasta que estén al dente,
aproximadamente 7 minutos.

Coloque las espinacas en un plato apto para microondas
con 1 cucharada de agua. Tape y cocine en el microondas
durante 1 minuto hasta que se ablanden. Retirar del tazón,
exprimir el líquido restante. Transfiera las espinacas a un
procesador de alimentos y presione para picar. Agregue
los frijoles, el tofu, la sal y la pimienta y procese hasta que
estén bien combinados. Dejar de lado.

Para armar los molinetes, coloque los fideos sobre una
superficie de trabajo plana. Unte alrededor de 3
cucharadas de mezcla de tofu y espinacas sobre la
superficie de cada fideo y enrolle. Repita con los
ingredientes restantes. Extienda una capa de salsa de
tomate en el fondo de una cazuela poco profunda.
Coloque los rollos en posición vertical sobre la salsa y
vierta un poco de la salsa restante en cada molinete.
Cubra con papel aluminio y hornee por 30 minutos.
Servir inmediatamente.

45. Ravioles de Calabaza con Guisantes

Rinde 4 porciones

- 1 taza de puré de calabaza enlatado
- $^1/2$ taza de tofu extra firme, bien escurrido y desmenuzado
- 2 cucharadas de perejil fresco picado
- 1 pizca de nuez moscada molida

- Sal y pimienta negra recién molida
- 1 receta Masa de pasta sin huevo
- 2 o 3 chalotas medianas, cortadas a la mitad a lo largo y cortadas en rodajas de 1/4 de pulgada
- 1 taza de chícharos congelados, descongelados

Use una toalla de papel para secar el exceso de líquido de la calabaza y el tofu, luego combine en un procesador de alimentos con la levadura nutricional, el perejil, la nuez moscada y la sal y pimienta al gusto. Dejar de lado.

Para hacer los ravioles, extienda la masa de pasta finamente sobre una superficie ligeramente enharinada. Corta la masa en

Tiras de 2 pulgadas de ancho. Coloque 1 cucharadita colmada de relleno en 1 tira de pasta, aproximadamente a 1 pulgada de la parte superior. Coloque otra cucharadita de relleno en la tira de pasta, aproximadamente una pulgada por debajo de la primera cucharada de relleno. Repita a lo largo de toda la tira de masa. Mojar ligeramente los bordes de la masa con agua y colocar una segunda tira de pasta encima de la primera cubriendo el relleno. Presione las dos capas de masa juntas entre las porciones de relleno. Use un cuchillo para recortar los lados de la masa para que quede recta, luego corte la masa entre cada montículo de relleno para hacer ravioles cuadrados. Asegúrese de eliminar las bolsas de aire alrededor del relleno antes de sellar. Use las púas de un tenedor para presionar a lo largo de los bordes de la masa para sellar los ravioles. Transfiera los ravioles a un plato enharinado y repita con la masa restante y la salsa. Dejar de lado.

En una sartén grande, calienta el aceite a fuego medio. Agregue los chalotes y cocine, revolviendo ocasionalmente, hasta que los chalotes estén dorados pero no quemados, aproximadamente 15 minutos. Agregue los guisantes y sazone con sal y pimienta al gusto. Mantener caliente a fuego muy lento.

En una olla grande con agua hirviendo con sal, cocine los ravioles hasta que floten hacia la parte superior, aproximadamente 5 minutos. Escurrir bien y transferir a la sartén con las chalotas y los guisantes. Cocine por uno o dos minutos para mezclar los sabores, luego transfiera a un tazón grande para servir. Condimente con mucha pimienta y sirva inmediatamente.

46. Ravioles de alcachofas y nueces

Rinde 4 porciones

- ⅓ taza más 2 cucharadas de aceite de oliva
- 3 dientes de ajo picados
- 1 paquete (10 onzas) de espinacas congeladas, descongeladas y exprimidas
- 1 taza corazones de alcachofa congelados, descongelados y picados
- ⅓ taza de tofu firme, escurrido y desmenuzado
- 1 taza de nueces tostadas
- ¼ de taza de perejil fresco bien compactado
- Sal y pimienta negra recién molida
- 1 receta Masa de pasta sin huevo
- 12 hojas frescas de salvia

En una sartén grande, caliente 2 cucharadas de aceite a fuego medio. Agrega los corazones de ajo, espinacas y alcachofas. Tape y cocine hasta que el ajo esté suave y el líquido se absorba, aproximadamente 3 minutos, revolviendo ocasionalmente. Transfiera la mezcla a un procesador de alimentos. Agrega el tofu, 1/4 de taza de nueces, el perejil y sal y pimienta al gusto. Procese hasta que esté picado y bien mezclado.

Dejar enfriar.

Para hacer los ravioles, extienda la masa muy finamente (aproximadamente 1/8 de pulgada) sobre una superficie ligeramente enharinada y córtela en tiras de 2 pulgadas de ancho. Coloque 1 cucharadita colmada de relleno en una tira de pasta, aproximadamente a 1 pulgada de la parte superior. Coloque otra cucharadita de relleno en la tira de pasta, aproximadamente 1 pulgada debajo de la primera cucharada de relleno. Repita a lo largo de toda la tira de masa.

Mojar ligeramente los bordes de la masa con agua y colocar una segunda tira de pasta encima de la primera cubriendo el relleno.

Presione las dos capas de masa juntas entre las porciones de relleno. Use un cuchillo para recortar los lados de la masa para que quede recta y luego corte la masa entre cada montículo de relleno para hacer ravioles cuadrados. Use las púas de un tenedor para presionar a lo largo de los bordes de la masa para sellar los ravioles. Transfiera los ravioles a un plato enharinado y repita con la masa restante y el relleno.

Cocine los ravioles en una olla grande con agua hirviendo con sal hasta que floten hacia la parte superior, aproximadamente 7 minutos. Escurrir bien y dejar reposar. En una sartén grande, caliente el 1/3 de taza de aceite restante a fuego medio. Agregue la salvia y las ¾ de taza restantes de nueces y cocine hasta que la salvia esté crujiente y las nueces se vuelvan fragantes.

Agregue los ravioles cocidos y cocine, revolviendo suavemente, para cubrir con la salsa y caliente. Servir inmediatamente.

47. Tortellini con Salsa de Naranja

Rinde 4 porciones

- 1 cucharada de aceite de oliva
- 3 dientes de ajo finamente picados
- 1 taza de tofu firme, escurrido y desmenuzado
- ¾ taza de perejil fresco picado
- ¼ taza de parmesano vegano oParmasio
- Sal y pimienta negra recién molida
- 1 receta Masa de pasta sin huevo
- 2½ tazas de salsa marinara, casera (verSalsa marinara) o ralladura de 1 naranja comprada en la tienda
- ½ cucharadita de pimiento rojo triturado

- ^{1}1/2 taza de crema de soya o leche de soja sin azúcar

En una sartén grande, calienta el aceite a fuego medio. Agregue el ajo y cocine hasta que esté suave, aproximadamente 1 minuto. Agregue el tofu, el perejil, el parmesano y la sal y pimienta negra al gusto. Mezclar hasta que esté bien mezclado. Dejar enfriar.

Para hacer los tortellini, extienda la masa finamente (aproximadamente 1/8 de pulgada) y córtela en cuadrados de 21/2 pulgadas. Lugar

1 cucharadita de relleno justo fuera del centro y doble una esquina del cuadrado de pasta sobre el relleno para formar un triángulo. Presione los bordes para sellar, luego envuelva el triángulo, con el centro hacia abajo, alrededor de su dedo índice, presionando los extremos para que se peguen. Dobla hacia abajo la punta del triángulo y desliza tu dedo. Reservar en un plato ligeramente enharinado y continuar con el resto de la masa y relleno.

En una cacerola grande, combine la salsa marinara, la ralladura de naranja y el pimiento rojo triturado. Caliente hasta que esté caliente, luego agregue la crema de soya y mantenga caliente a fuego muy lento.

En una olla con agua hirviendo con sal, cocine los tortellini hasta que floten hacia la parte superior, aproximadamente 5 minutos. Escurrir bien y transferir a un tazón grande para servir. Agregue la salsa y revuelva suavemente para combinar. Servir inmediatamente.

48. Lo Mein Vegetal Con Tofu

Rinde 4 porciones

- 12 onzas de linguini
- 1 cucharada de aceite de sésamo tostado
- 3 cucharadas de salsa de soja
- 2 cucharadas de jerez seco
- 1 cucharada de agua
- Pizca de azúcar
- 1 cucharada de maicena

- 2 cucharadas de aceite de canola o de semilla de uva
- 1 libra de tofu extra firme, escurrido y cortado en cubitos
- 1 cebolla mediana, cortada por la mitad y en rodajas finas
- 3 tazas de floretes de brócoli pequeños
- 1 zanahoria mediana, cortada en rodajas de 1/4 de pulgada
- 1 taza de shiitake fresco en rodajas o champiñones blancos
- 2 dientes de ajo picados
- 2 cucharaditas de jengibre fresco rallado
- 2 cebollas verdes picadas

En una olla grande con agua hirviendo con sal, cocine los linguini, revolviendo ocasionalmente, hasta que estén tiernos, aproximadamente 10 minutos. Escurre bien y transfiere a un bol. Agregue 1 cucharadita de aceite de sésamo y revuelva para cubrir. Dejar de lado.

En un tazón pequeño, combine la salsa de soja, el jerez, el agua, el azúcar y las 2 cucharaditas restantes de aceite de sésamo. Agregue la maicena y revuelva para disolver. Dejar de lado.

En una sartén grande o wok, caliente 1 cucharada de canola a fuego medio-alto. Agregue el tofu y cocine hasta que esté dorado, aproximadamente 10 minutos. Retirar de la sartén y reservar.

Vuelva a calentar el aceite de canola restante en la misma sartén. Agregue la cebolla, el brócoli y la zanahoria y saltee hasta que estén tiernos, aproximadamente 7 minutos. Agrega los champiñones, el ajo, el jengibre y las cebolletas y sofríe durante 2 minutos. Agregue la salsa y el linguini cocido y revuelva para mezclar bien. Cocine hasta que esté completamente caliente. Pruebe, ajuste los condimentos y agregue más salsa de soja si es necesario. Servir inmediatamente.

49. Pad Thai

Rinde 4 porciones

- 12 onzas de fideos de arroz secos
- ⅓ taza de salsa de soja
- 2 cucharadas de jugo de lima fresco
- 2 cucharadas de azúcar morena clara
- 1 cucharada de pasta de tamarindo (ver nota principal)
- 1 cucharada de pasta de tomate
- 3 cucharadas de agua
- ½ cucharadita de pimiento rojo triturado
- 3 cucharadas de aceite de canola o de semilla de uva
- 1 libra de tofu extra firme, escurrido, prensado (ver tofu) y cortar en dados de 1/2 pulgada

- 4 cebollas verdes, picadas
- 2 dientes de ajo picados
- $1/3$ taza de maní sin sal, tostado en seco, picado grueso
- 1 taza de brotes de soja, para decorar
- 1 lima, cortada en gajos, para decorar

Remoje los fideos en un recipiente grande con agua caliente hasta que se ablanden, de 5 a 15 minutos, dependiendo del grosor de los fideos. Escurrir bien y enjuagar con agua fría. Transfiera los fideos escurridos a un tazón grande y reserve.

En un tazón pequeño, combine la salsa de soja, el jugo de limón, el azúcar, la pasta de tamarindo, la pasta de tomate, el agua y el pimiento rojo triturado. Revuelva para mezclar bien y reserve.

En una sartén grande o wok, caliente 2 cucharadas de aceite a fuego medio. Agrega el tofu y sofríe hasta que esté dorado, aproximadamente 5 minutos. Transfiera a una fuente y reserve.

En la misma sartén o wok, caliente la 1 cucharada de aceite restante a fuego medio. Agrega la cebolla y sofríe durante 1 minuto. Agregue las cebollas verdes y el ajo, saltee durante 30 segundos, luego agregue el tofu cocido y cocine unos 5 minutos, revolviendo ocasionalmente, hasta que se doren. Agregue los fideos cocidos y revuelva para combinar y calentar.

Agregue la salsa y cocine, revolviendo para cubrir, agregando un chorrito o dos de agua adicional, si es necesario, para evitar que se pegue. Cuando los fideos

estén calientes y tiernos, colóquelos en una fuente para
servir y espolvoree con maní y cilantro. Adorne con
brotes de soja y rodajas de lima al costado de la fuente.
Servir caliente.

50. Espaguetis Borrachos con Tofu

Rinde 4 porciones

- 12 onzas de espaguetis
- 3 cucharadas de salsa de soja
- 1 cucharada de salsa de ostras vegetariana (opcional)
- 1 cucharadita de azúcar morena clara
- 8 onzas de tofu extra firme, escurrido y prensado (ver tofu)
- 2 cucharadas de aceite de canola o de semilla de uva
- 1 cebolla morada mediana, en rodajas finas
- 1 pimiento rojo mediano, en rodajas finas
- 1 taza de guisantes de nieve, recortados

- 2 dientes de ajo picados
- ½ cucharadita de pimiento rojo triturado
- 1 taza de hojas frescas de albahaca tailandesa

En una olla con agua hirviendo con sal, cocine los espaguetis a fuego medio-alto, revolviendo ocasionalmente, hasta que estén al dente, unos 8 minutos. Escurre bien y transfiere a un tazón grande. En un tazón pequeño, combine la salsa de soja, la salsa de ostras, si la usa, y el azúcar. Mezcle bien, luego vierta sobre los espaguetis reservados, revolviendo para cubrir. Dejar de lado.

Corta el tofu en tiras de 1⁄2 pulgada. En una sartén grande o wok, caliente 1 cucharada de aceite a fuego medio-alto. Agregue el tofu y cocine hasta que esté dorado, aproximadamente 5 minutos. Retirar de la sartén y reservar.

Regrese la sartén al fuego y agregue la cucharada restante de aceite de canola. Agregue la cebolla, el pimiento morrón, los guisantes, el ajo y el pimiento rojo triturado. Sofríe hasta que las verduras estén tiernas, unos 5 minutos. Agregue la mezcla de espaguetis y salsa cocidos, el tofu cocido y la albahaca y saltee hasta que estén calientes, aproximadamente 4 minutos.

CONCLUSIÓN

Los beneficios para la salud del tofu son amplios. No contiene gluten y es bajo en calorías. Puede reducir el colesterol "malo" y también contiene isoflavonas como los fitoestrógenos. Las isoflavonas pueden tener propiedades tanto de agonistas de estrógenos como de antagonistas de estrógenos. Estos pueden ayudar a proteger contra algunos cánceres, enfermedades cardíacas y osteoporosis. Sin embargo, el consumo excesivo también puede presentar algunos riesgos.

Si buscas sabores atrevidos en tus recetas, el tofu es tu opción de proteína ideal. Sin embargo, siempre preste atención al tipo de tofu, ya que las variedades firmes y extra firmes son mejores para saltear y asar a la parrilla, mientras que el sedoso es mejor para sopas o salsas. Para saltear el tofu para un sofrito, primero debe escurrir y exprimir el exceso de agua, lo que evita que se deshaga durante la cocción. Incluso puede hacer crujiente el tofu arrojándolo en maicena (no es necesario freírlo).

CPSIA information can be obtained
at www.ICGtesting.com
Printed in the USA
BVHW062058150621
609629BV00011B/1009